파고다 오부톡

하루 ◯◯◯◯◯ 말하는 🕐

일본어회화

김수진 ㅣ 저

5

패턴별1

PAGODA Books

초 판 1쇄 인쇄 2020년 6월 17일
초 판 1쇄 발행 2020년 6월 17일

지 은 이 | 김수진
펴 낸 이 | 고루다
펴 낸 곳 | Wit&Wisdom 도서출판 위트앤위즈덤
임프린트 | **PAGODA Books**
책임편집 | 최은혜
디자인총괄 | 손원일, 정현아
마 케 팅 | 도정환, 진부영, 유철민, 김용란, 김대환
출판등록 | 2005년 5월 27일 제 300-2005-90호
주   소 | 06614 서울특별시 서초구 강남대로 419, 19층(서초동, 파고다타워)
전   화 | (02) 6940-4070
팩   스 | (02) 536-0660
홈페이지 | www.pagodabook.com

저작권자 | ⓒ 2020 김수진

ISBN 978-89-6281-848-2(13740)

도서출판 위트앤위즈덤   www.pagodabook.com
파고다 어학원   www.pagoda21.com
파고다 인강   www.pagodastar.com
테스트 클리닉   www.testclinic.com

PAGODA Books는 도서출판 Wit&Wisdom의 성인 어학 전문 임프린트입니다.
낙장 및 파본은 구매처에서 교환해 드립니다.

머리말

"단어를 열심히 외웠어요. 문법 공부도 나름 열심히 했고요. 근데 말이 안돼요!"
당연하죠. 단어만 외웠으니까요.
단어만 외우면, 단어만 말할 수 있습니다.
문장을 외우면, 문장으로 말할 수 있습니다.

사실 회화라는 것은 어렵지 않아요. 네이티브다운 표현을 통으로 한 문장 익혀서, 단어만
살살 바꿔가며 응용하면 되는 겁니다. 이런 것을 패턴 연습이라고 하지요. 물론 어려운 문장과
단어를 사용하여 유창하게 말하는 것도 의미는 있겠지만, 의외로 일본사람들은 회화에서
우리가 생각하는 것보다 훨씬 더 간단하고 쉬운 표현들을 많이 사용합니다.

이 책에서는 명사 한 단어만 알면 누구나 활용할 수 있는,
여행 등 일본 현지에서 알아두면 도움이 될만한 표현들을 모아봤습니다.
매일 5분간의 토크를 통하여, 간단하지만 네이티브다운 표현들을 익혀보세요.
또한, 일본 문화에 관한 설명도 조금씩 함께 하였습니다. 이 책을 계기로 일본과 좋은 인연을
맺어, 한국과 일본이 좋은 관계로 발전해 나아갔으면 하는 바람입니다.

끝으로 이 책을 출간하기까지는 많은 분들의 도움이 있었습니다.
Pagoda Books의 센스만점 최은혜 매니저님과 출판사 여러분들, 감수로 수고해 준 오랜
친구 쿠로시마 요시코 선생님, 성우 선생님 두 분께도 감사드립니다. 그리고 항상 지지해주고
응원해준 우리 가족 사랑합니다.

저자 김수진

책 내용 미리보기

오늘의 문장

일본에서 가장 많이 쓰이는 활용도 200% 표현만 엄선했습니다. 강조 표시된
문형만 기억해두면 내가 원하는 문장으로 얼마든지 활용할 수 있답니다.

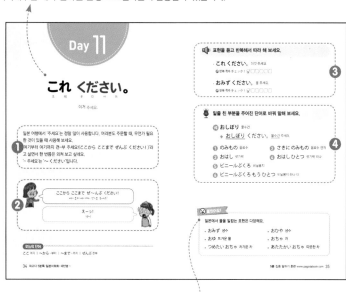

몰랐어요!

이것이 바로 디테일한 진짜 일본어! 활용 TIP까지 알아두면
현지인도 감탄하게 만드는 일본어 실력자가 될 거예요.

❶ 문장 사용설명서

수진쌤이 들려주는 일본의 요모조모! 그리고 오늘의
문장은 언제 어떻게 사용하면 좋은지 등을 이해가 쏙
쏙 되도록 설명했습니다.

❷ 실전 회화

현장감이 생생하게 살아있는 대화를 통해서, 실제 장
면에서는 어떻게 사용되는지 확인해 볼까요? 문장 속
에 사용된 단어는 하단에서 확인할 수 있습니다.

❸ 따라 말하기

원어민 음성을 듣고 똑같이 따라 해 봅시다. 크게 말해
보는 것만으로 일본어 발음은 물론 암기력 향상에도
도움이 된다는 사실! 반복 횟수를 체크하면서 연습해
보세요.

❹ 바꿔 말하기

제시된 단어를 바꿔 넣으면서 핵심 문형을 알차게 활
용해 봅시다. 효율적인 학습법으로 오늘의 문장은 물
론 확장된 표현까지 완전정복 해 보아요~!

파고다 5분톡!이 더욱 재미있어지는 특별 페이지

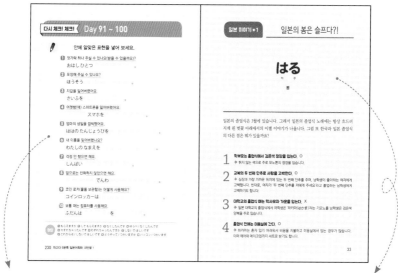

10일 치 학습을 마쳤다면 학습성취도를 점검해볼 차례입니다. 빈칸을 채우고 자신 있게 읽어봅시다~! 틀린 부분만 체크해서 복습하면 일본어 핵심 패턴은 나의 것!

원어민과 소통한다는 것은 단순히 소리 내어 말하는 것보다, 그 나라의 문화와 언어행동에 대한 이해를 바탕으로 말하는지가 중요하지요. 일본의 문화, 일본인의 특성을 알고 서로를 이해해보는 시간도 가져보아요~!

*"하루 5분씩, 100일만 일본어로 말하면
내 입에서도 일본어 문장이 술술!"*

파고다 5분톡! 무료 강의를 이용한 학습법

step 1 저자 직강 오디오 강의를 청취하며 교재 내용 이해하기

step 2 원어민 음성 MP3를 따라 교재의 예문을 반복해서 소리내어 말하기

step 3 5분 집중 말하기 훈련을 통해 데일리 표현 마스터하기

목차

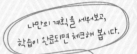

나만의 계획을 세워보고,
학습이 완료되면 체크해 봅시다.

학습 플랜

목차

목차

하루 5분씩 100일,
내 입에서 일본어가 술술 나올 때까지!

5분톡 일본어회화 학습을 끌어주고
밀어주는 부가 자료 4가지

5분톡 사이트
바로가기

일본어 50음도

– 홈페이지 무료
다운로드 가능

1 저자 직강 데일리 음성 강의

5분톡의 저자 수진 선생님이 파고다 대표 일본어 강사로서의 노하우를 담아 직접 전해주는 음성 강의와 함께 하세요. 교재 내용을 보다 확실하고 폭넓게 이해할 수 있도록 도와드립니다.

– 네이버 오디오클립에서 '파고다 5분톡 일본어회화 패턴별 1'을 검색하여 청취

2 5분 집중 말하기 훈련

일본어 문장을 직접 말해보며 녹음하고, 원어민의 발음과 비교해 보세요. 따라 말하기 연습을 충분히 마친 뒤에는 한국어 뜻에 맞게 일본어로 말해보는 테스트를 통해 데일리 표현을 마스터할 수 있습니다. 하루 5분씩, 말하기 집중 훈련 프로그램과 함께 발화 연습량을 차곡차곡 쌓아가 봅시다.

– 파고다북스 홈페이지에 접속하여 '5분톡' 탭에서 실행 (PC / 모바일)

3 교재 예문 MP3

일본어 귀가 트이려면 여러 번 반복해서 듣는 게 최고! 책에 수록된 모든 예문을 원어민의 목소리로 들어볼 수 있는 생생한 음성자료를 무료 제공합니다.

– 파고다북스 홈페이지에서 다운로드 받아 청취 (실시간 스트리밍도 가능)

4 5분톡 발음 클리닉

한국인이 어려워하는 포인트만 엄선했습니다. 파고다 베테랑 일본어회화 선생님의 발음 클리닉 강의를 통해 나의 일본어 발음을 한 단계 업그레이드하고 스피킹에 자신감을 더해 보세요.

– 파고다북스 홈페이지 또는 유튜브에서 '파고다 5분톡 발음 클리닉'을 검색하여 시청

일본어 50음도

일본어 읽는 법이 헷갈릴 때는
오십음도를 참고하세요~!

おちゃ どうぞ。
오　　챠　　　도 - 조

차 드세요.

'どうぞ'는 '드세요'라는 뜻이 아닙니다. 상대에게 무언가를 권할 때는 그냥 'どうぞ'를 외쳐 보세요.
'가게 안으로 들어오세요.' '메뉴 받으세요.' '차 드릴게요.' '물수건 드릴게요.' '천천히 드세요.' 이 모든 문장이 'どうぞ' 하나면 만사 OK입니다. 발음은 [도우조]가 아니라, 'う'를 장음 처리해서 [도오조].

いま、みせ やってますか。
지금 가게 하나요?

はい、どうぞ。こちらに どうぞ。メニュー どうぞ。
네, 들어오세요. 이쪽에 앉으세요. 메뉴(판) 드릴게요.

오늘의 단어

いま 지금 | みせ 가게 | やって ますか 하고 있나요? | はい 네 | こちら 이쪽 | メニュー 메뉴(판)

표현을 듣고 반복해서 따라 해 보세요.

- **おちゃ どうぞ。** 차 드세요.
  ☺ 반복 횟수 チェック！ ☑ ☐ ☐ ☐ ☐ ☐

- **こちらに どうぞ。** 이쪽으로 오세요(앉으세요).
  ☺ 반복 횟수 チェック！ ☑ ☐ ☐ ☐ ☐ ☐

🎤 밑줄 친 부분을 주어진 단어로 바꿔 말해 보세요.

예 おさきに / どうぞ 먼저 / 하세요(가세요)

→ <u>おさきに</u> どうぞ。 먼저 들어가세요.

① おしぼり / どうぞ　　물수건 / 이용하세요

② メニュー / どうぞ　　메뉴(판) / 받으세요

③ この ペン / どうぞ　　이 펜 / 사용하세요

④ この りょうり / どうぞ　이 요리 / 드세요

😀 **몰랐어요!**

'**どうぞ**'의 다른 의미는?

'권유' 외에 '허락'의 의미에도 사용합니다.

예 A 같이 앉아도 될까요?　**いっしょに すわっても いいですか。**

B 네, 그럼요.　　　　　　　**はい、どうぞ。**

Day 2

ごちゅうもん どうぞ。
고 츄 - 몬 　 도 - 조

주문하세요. / 주문받겠습니다.

"일본 가게에 들어갔더니 'どうぞ'밖에 안 들리던데요!"라고 말하는 사람들이 많습니다. 네! 맞아요. 점원들도 권유나 허락의 표현에서 굉장히 많이 사용합니다. 그리고 점원은 손님에게 말할 때, 단어 앞에 'お'나 'ご'를 자주 붙여요. 존경 또는 미화의 표현입니다.

그럼, 이번에는 점원들이 주로 사용하는 'どうぞ'만 연습해 볼까요?

のみものは むりょうですか。
음료수는 무료인가요?

はい、おのみものは ごじゆうに どうぞ。
네, 음료수는 무료로 이용해 주세요.

오늘의 단어

のみもの 음료수 ┃ むりょう 무료 ┃ おのみもの 음료수(정중한 표현) ┃ ごじゆうに 자유롭게

표현을 듣고 반복해서 따라 해 보세요.

- **ごちゅうもん どうぞ。** 주문받겠습니다.
  ☺반복 횟수 체크! チェック！ ✓☐☐☐☐☐

- **ごゆっくり どうぞ。** 천천히(편안히) 즐기세요.
  ☺반복 횟수 체크! チェック！ ✓☐☐☐☐☐

🎤 밑줄 친 부분을 주어진 단어로 바꿔 말해 보세요.

예 いつでも / どうぞ 언제든지 / 말씀해 주세요

➜ <u>いつでも</u> どうぞ。 언제든지 (준비되시면) 말씀해 주세요.

① ごじゆうに / どうぞ   자유롭게 / (이용)하세요

② こちらの せきに / どうぞ   이쪽 자리에 / 앉으세요

③ おすきな せきに / どうぞ   좋아하는(편한) 자리에 / 앉으세요

④ おつぎの かた / どうぞ   다음 분 / 오세요(하세요)

😊 **몰랐어요!**

'ご自由(じゆう)に どうぞ'의 의미는?

- ご自由(じゆう)に 자유롭게 = 무료로

* '시식코너' 또는 '무료로 사용할 수 있는 용품'에는 항상 'ご自由(じゆう)に どうぞ'라고 쓰여있으니, 잘 이용해 보세요!

かんこくじんです。

캉　코　쿠　진　데　스

한국인이에요.

일본인 친구를 만들고 싶다고요? 마음에 드는 일본 사람을 만나면, 가볍게 자기소개를 해 보세요. '저는 한국인이에요. 지금 여행 중이에요.' 이런 간단한 소개만으로도 일본인 친구를 만들 수 있을 겁니다.

'저는 ~입니다'는 'わたしは ～です'입니다. 이때, 조사 '은/는'은 'は[하]'라고 쓰고 [와]라고 발음합니다.

こんにちは。わたしは キムです。かんこくじんです。
안녕하세요. 저는 김(수진)이에요. 한국인이에요.

**こんにちは。わたしは きむらです。
がくせいさんですか。**
안녕하세요. 저는 기무라예요. 학생분인가요?

오늘의 단어

こんにちは 안녕하세요(점심 인사) | わたし 나, 저 | ～は ~은, ~는 | キム 김(한국인 성) |
かんこくじん 한국인 | きむら 기무라(일본인 성) | がくせいさん 학생분

표현을 듣고 반복해서 따라 해 보세요.

- **かんこくじんです。** 한국인이에요.
  ☺ 반복 횟수 チェック！ ☑☐☐☐☐☐

- **にほんじんです。** 일본인이에요.
  ☺ 반복 횟수 チェック！ ☑☐☐☐☐☐

🎤 밑줄 친 부분을 주어진 단어로 바꿔 말해 보세요.

예 サラリーマン 샐러리맨(회사원)

　➡ わたしは <u>サラリーマン</u>です。 저는 샐러리맨이에요.

1 ちゅうごくじん 중국인　**2** アメリカじん 미국인
3 がくせい 학생　**4** だいがくせい 대학생
5 じえいぎょう 자영업　**6** しゅふ 주부

 몰랐어요!

일본어로 '학생' 표현은?
- 小学生 초등학생
  しょうがくせい
- 中学生 중학생
  ちゅうがくせい
- 高校生 고등학생
  こうこうせい
- 大学生 대학생
  だいがくせい

- 浪人生 재수생
  ろうにんせい
- 留学生 유학생
  りゅうがくせい
- 学生 모든 학생을 일컫는 표현
  がくせい
- 生徒 중학생, 고등학생을 일컫는 표현
  せい と

Day 4

かれは
カ　レ　　　　　　　　　　　　　　　　　　　　　　와
ともだちなんです。
토　모　다　치　　　　　난　　　데　　스

그는 친구예요.

여동생과 함께 여행이나 쇼핑을 하러 가면, '두 분은 친구인가요?'라는 질문을 참 많이 받습니다. 그러면 동생은 내가 그렇게 늙어 보이냐며 흥분하곤 합니다. 이번 에는 두 사람의 관계에 관련된 다양한 표현을 연습해 보겠습니다.

또, 회화에서는 '～です' 대신 설명 · 강조의 표현으로 '～なんです'를 자주 사용합니다. 자, 우리도 네이티브다운 표현을 사용해서 말해 볼까요?

かれは ともだちなんですか。
그는 친구인가요?

きのうまでは ともだちだったけど、
きょうからは こいびとなんです。
어제까지는 친구였는데, 오늘부터는 애인이에요.

오늘의 단어

かれ 그, 그 남자 ｜ ともだち 친구 ｜ きのうまで 어제까지 ｜ ～だったけど ~였는데, ~였지만 ｜
きょうから 오늘부터 ｜ こいびと 애인

🔊 표현을 듣고 반복해서 따라 해 보세요.

・ **かれは ともだちなんです。** 그는 친구예요.
☺ 반복 횟수 チェック! ☑☐☐☐☐☐

・ **かのじょは おさななじみなんです。** 그녀는 소꿉친구예요.
☺ 반복 횟수 チェック! ☑☐☐☐☐☐

 밑줄 친 부분을 주어진 단어로 바꿔 말해 보세요.

예 **だいがく / せんぱい** 대학 / 선배

➡ **かれは だいがくの せんぱいなんです。**
그는 대학 선배예요.

❶ **こうこう / こうはい** 고등학교 / 후배
❷ **ちゅうがっこう / せんせい** 중학교 / 선생님
❸ **かいしゃ / どうりょう** 회사 / 동료
❹ **とりひきさき / ひと** 거래처 / 사람

😀 **몰랐어요!**

일본어로 '친구' 표현은?
・ **友達** (ともだち) 친구
・ **幼なじみ** (おさな) 소꿉친구
・ **親友** (しんゆう) 친한 친구

Day 5

もりさんも かしゅですか。
モ　リ　상　모　카　슈　데　스　까

모리 씨도 가수예요?

친구와 대화할 때 많은 말을 하지 않아도, '나도'라는 공감의 한마디가 상대를 더 감동시킬 수 있습니다. 영어로는 'me too', 일본어로는 'わたしも'. 꼭 기억하세요! 어떤 맞장구의 표현보다 더 효과가 있을 겁니다.

조사 '~도'는 '〜も'입니다. 또, '~입니까'는 '〜ですか'입니다. 남자의 경우 'ぼくも' 또는 'おれも'를 사용하기도 하지만, 손윗사람에게는 사용하지 않는 것이 좋습니다.

> もりさんも せんせいですか。
> 모리 씨도 선생님이에요?

> はい、ピアノの こうしです。
> キムさんも ピアノの せんせいですか。
> 네, 피아노 강사예요. 김(수진) 씨도 피아노 선생님이에요?

오늘의 단어

もり 모리(일본인 성) | 〜さん ~씨 | せんせい 선생님 | はい 네 | ピアノ 피아노 | 〜の ~의 |
こうし 강사 | キム 김(한국인 성)

🔊 표현을 듣고 반복해서 따라 해 보세요.

• **もりさんも かしゅですか。** 모리 씨도 가수예요?
  ☺반복 횟수 チェック！ ☑☐☐☐☐☐

• **みなさんも かいしゃいんですか。** 여러분들도 회사원이에요?
  ☺반복 횟수 チェック！ ☑☐☐☐☐☐

🎤 밑줄 친 부분을 주어진 단어로 바꿔 말해 보세요.

예 **かんこくの かた** 한국 분

➜ **まりさんも かんこくの かたですか。**

마리 씨도 한국 분이에요?

❶ **にほんの かた** 일본 분　　❷ **フランスの かた** 프랑스 분

❸ **だいがくせい** 대학생　　❹ **デザイナー** 디자이너

❺ **ぎんこういん** 은행원　　❻ **かんごし** 간호사

 몰랐어요!

일본어로 '한국인' 표현은?

• 나라 이름 + 人(じん) → ~ + 인

  예 韓国人(かんこくじん) 한국인　日本人(にほんじん) 일본인　タイ人(じん) 태국인　ロシア人(じん) 러시아인

• 나라 이름 + の 方(かた) → ~ + 분(존경 표현)

  예 韓国(かんこく)の 方(かた) 한국 분　日本(にほん)の 方(かた) 일본 분

へえ、シェフなんですか。

헤 - 세 후 난 데 스 까

와~! 요리사예요?

여러분은 놀랐을 때 어떤 감탄사를 사용하나요? '어머' '와~' '헐!' 다양한 표현이 있겠지요. 일본에서는 새로운 정보를 듣고 놀랐을 때 'へえ[헤-]'라는 표현을 사용합니다.

또, 회화에서는 '〜ですか(~입니까?)' 대신 설명을 구하는 표현, 강조의 표현으로 '〜なんですか'를 자주 사용합니다.

へえ、きむらさんは シェフなんですか。すごいですね。
와~! 기무라 씨는 요리사예요? 대단해요!

いやいや。
아네요.
とうきょうの レストランです。いつでも どうぞ。
도쿄에 있는 레스토랑이에요. 언제든지 오세요.

오늘의 단어

〜は ~은, ~는 | シェフ 요리사 | すごいですね 굉장하네요, 대단해요 | いやいや 아녜요(회화 표현) | とうきょう 동경, 도쿄 | 〜の ~의, ~에 있는 | レストラン 레스토랑 | いつでも 언제든지 | どうぞ 오세요(권유 표현)

🔊 표현을 듣고 반복해서 따라 해 보세요.

- へえ、シェフなんですか。 와~! 요리사예요?
  ☺ 반복 횟수 チェック！ ☑☐☐☐☐☐

- へえ、げいのうじんなんですか。 와~! 연예인이에요?
  ☺ 반복 횟수 チェック！ ☑☐☐☐☐☐

🎤 밑줄 친 부분을 주어진 단어로 바꿔 말해 보세요.

예 **せんせい** 선생님

➜ へえ、やまださんは せんせいなんですか。

와~! 야마다 씨는 선생님이에요?

① やきゅうせんしゅ 야구 선수

② こうむいん 공무원

③ いしゃ 의사

④ まんがか 만화가

😃 **몰랐어요!**

일본어로 '요리사' 표현은?
- 料理人 = コック 요리사
- 料理長 = シェフ 요리장
- 板前 스시 등 일본 요리의 요리사

Day 7

こいびとじゃ ないです。
코 이 비 또 쟈 나 이 데 스

애인 아니에요.

남녀의 다정한 모습만 보고 애인 사이로 오해하는 경우가 많습니다. '애인 아니에요, 그냥 친구예요'라고 당당히 말해 보세요. 그런데 당당히 말하고 몇 달 후에 결혼하는 경우도 있으니 세상일은 하늘의 뜻인 것 같군요.
'~(이/가) 아니에요'는 '~じゃ ないです'입니다.
또, 정중한 표현으로 '~じゃ ありません'과 '~では ありません'도 있습니다.

おふたりは こいびとですか。
두 분은 애인이에요?

いいえ、わたしたちは こいびとじゃ ないです。
ただの ともだちです。
아니에요, 우리는 애인 아니에요. 그냥 친구예요.

오늘의 단어

おふたり 두 분(존경 표현) | こいびと 애인 | いいえ 아니에요 | わたしたち 우리들 |
ただの 그냥, 단지 | ともだち 친구

🔊 표현을 듣고 반복해서 따라 해 보세요.

- **こいびとじゃ ないです。** 애인 아니에요.
  ☺반복 횟수 チェック！ ☑️⬜⬜⬜⬜⬜

- **ふうふじゃ ないです。** 부부 아니에요.
  ☺반복 횟수 チェック！ ☑️⬜⬜⬜⬜⬜

🎤 밑줄 친 부분을 주어진 단어로 바꿔 말해 보세요.

예 **きょうだい** 형제

➡ **わたしたちは きょうだいじゃ ないです。**
우리는 <u>형제</u> 아니에요.

1 **かぞく** 가족　　　2 **しりあい** 아는 사이

3 **どうりょう** 동료　　4 **なかま** 동료

5 **かいしゃの どうりょう** 회사 동료

6 **バイトの なかま** 알바 동료

 몰랐어요!

일본어로 '동료' 표현은?

- 同僚(どうりょう) 동료　예 会社(かいしゃ)の 同僚(どうりょう) 회사 동료
- 仲間(なかま) 같은 그룹의 일원(동료, 멤버, 동지)
  예 勉強会(べんきょうかい)の 仲間(なかま) 스터디 멤버　　仕事(しごと)の 仲間(なかま) 함께 일하는 사이
  バイトの 仲間(なかま) 알바(아르바이트) 동료

Day 8

どようびじゃ ないですか。
도 요 - 비 쟈 나 이 데 스 까

토요일 아닌가요? / 토요일이잖아요!

부정형의 '〜じゃ ないです'는 강조의 표현으로도 사용할 수 있습니다. '오늘 토요일이 아닙니다'는 부정형의 문장이지만, '오늘 토요일 아닌가요?'는 강조의 표현으로서 '오늘 토요일이잖아요!'의 의미이지요.

'〜(이/가) 아닌가요?'는 '〜じゃ ないですか'입니다.

또, 정중한 표현으로 '〜じゃ ありませんか'와 '〜では ありませんか'도 있습니다.

きょう、どようびじゃ ないですか。
たしかに どようびに よやく したんですけど。
오늘 토요일 아닌가요? 분명히 토요일로 예약했는데….

おきゃくさまは らいしゅうの どようびに
よやく なさいました。
손님은 다음 주 토요일로 예약하셨습니다.

오늘의 단어

きょう 오늘 | どようび 토요일 | たしかに 분명히 | よやく 예약 | 〜に したんです ~(으)로 했어요 |
〜けど ~인데, ~한데 | おきゃくさま 손님 | らいしゅう 다음 주 | なさいました 하셨습니다(존경 표현)

🔊 표현을 듣고 반복해서 따라 해 보세요.

- **どようびじゃ ないですか。** 토요일 아닌가요?

  ☺ 반복 횟수 チェック！ ☑☐☐☐☐☐

- **いまじゃ ないですか。** 지금 아닌가요?

  ☺ 반복 횟수 チェック！ ☑☐☐☐☐☐

🎙️ 밑줄 친 부분을 주어진 단어로 바꿔 말해 보세요.

예 **やくそくは / あした** 약속은 / 내일

➡ <u>やくそくは</u> <u>あした</u>じゃ ないですか。

<u>약속은</u> <u>내일</u> 아닌가요?

① **よやくは / きょう** 예약은 / 오늘

② **いま / わたしの ばん** 지금 / 내 차례

③ **いまから / ジム** 지금부터 / 헬스장

④ **きょうから / ダイエット** 오늘부터 / 다이어트

😀 **몰랐어요!**

일본어로 '오늘, 이번 주' 표현은?

어제	오늘	내일	모레
きのう	きょう	あした	あさって
지난주	이번 주	다음 주	다다음 주
せんしゅう	こんしゅう	らいしゅう	さらいしゅう

Day 9

やまじゃ なくて うみ。
야 마 쟈 나 쿠 떼 우 미

산이 아니라 바다. / 산이 아니고 바다.

"저는 학생이 아니라 선생님이라고요! 정말이지 동안은 힘들어!"
이런 말을 해본 지 어언 십수 년이 지났습니다. 세월을 원망하지는 않지만, 그 시절
이 가끔 그립기도 합니다. 여러분의 칭찬 기부! 언제나 기다리고 있습니다.
'A가 아니라 B'는 'Aじゃ なくて B'입니다. 단, 명사와 な형용사에만 사용합니다.

> やくそくは あしたですね。
> それから まちあわせは デパートですよね。
> 약속은 내일이네요. 그리고 만날 장소는 백화점이지요?

> やくそくは あしたじゃ なくて きょう！ まちあわせは
> デパートじゃ なくて こうえん！ だいじょうぶですよね。
> 약속은 내일이 아니고 오늘! 약속 장소는 백화점이 아니라 공원! 괜찮은 거 맞죠?

오늘의 단어

やくそく 약속 ｜ 〜は ~은, ~는 ｜ あした 내일 ｜ それから 그리고 ｜ まちあわせ 만날 약속, 약속 장소 ｜
デパート 백화점 ｜ 〜ですよね ~이지요(상대에게 확인할 때) ｜ きょう 오늘 ｜ こうえん 공원 ｜
だいじょうぶですよね 괜찮은 거죠?

표현을 듣고 반복해서 따라 해 보세요.

- **やまじゃ なくて うみです。** 산이 아니라 바다예요.
  ☺반복 횟수 チェック! ☑☐☐☐☐☐

- **がくせいじゃ なくて きょうしです。** 학생이 아니라 교사예요.
  ☺반복 횟수 チェック! ☑☐☐☐☐☐

🎤 밑줄 친 부분을 주어진 단어로 바꿔 말해 보세요.

예 どようび / にちようび 토요일 / 일요일

➡ <u>どようび</u>じゃ なくて <u>にちようび</u>です。
    <u>토요일</u>이 아니라 <u>일요일</u>이에요.

❶ きょう / あした 오늘 / 내일　　**❷ いま / あとで** 지금 / 나중에

❸ ふく / くつ 옷 / 구두　　**❹ しろ / くろ** 하양 / 검정

❺ はなだけ / プレゼントも 꽃만 / 선물도

😃 **몰랐어요!**

'**待ち合わせ**'의 의미는?

- 만날 약속　　• 만나기로 한 장소　　• 만나기로 한 시간

예 **待ち合わせは どこですか。** 만날 장소는 어디예요?
待ち合わせは 何時ですか。 만날 시간은 몇 시예요?
待ち合わせは いつですか。 만날 날짜는 언제예요?

がくせいじゃ なくて。

각 세 - 쟈 나 쿠 떼

학생이 아니어서. / 학생이 아니라서.

학생이 아니라서 시험도 없고 숙제도 없어서 좋지만, 학생이 아니라서 학생 할인도 없고 받을 용돈도 없어 슬프네요.

'~이(가) 아니라서'는 '~じゃ なくて'입니다. '~じゃ なくて'는 '~이(가) 아니고', '~이(가) 아니어서' 두 개의 해석이 가능합니다. 단, 명사와 な형용사에만 사용합니다.

スジンさんは もんげんが ありますか。
수진 씨는 통금 시간이 있나요?

がくせいじゃ ないですから、もんげんは ありません。
がくせいじゃ なくて、よかった。のもう、のもうー！
학생이 아니기 때문에, 통금 시간은 없어요.
학생이 아니라서, 다행이다. 마셔, 마셔~!

오늘의 단어

もんげん 통금 시간 | ～が ~이, ~가 | ありますか 있나요? | がくせい 학생 |

～から ~이니까, ~이기 때문에 | ありません 없어요 | よかった 잘됐다, 다행이다 | のもう 마셔, 마시자

🔊 표현을 듣고 반복해서 따라 해 보세요.

・ がくせいじゃ なくて、よかった。

학생이 아니라서, 다행이야.

😊 반복 횟수 チェック！ ☑️⬜⬜⬜⬜⬜

・ あめじゃ なくて、よかった。

비가 아니라서, 다행이야.

😊 반복 횟수 チェック！ ☑️⬜⬜⬜⬜⬜

 밑줄 친 부분을 주어진 단어로 바꿔 말해 보세요.

예 あした 내일

➡ **あした**じゃ なくて、よかった。

내일이 아니라서, 다행이야.

① うちの こ 우리 아이 **②** おおごと 큰일

③ ほかの ひと 다른 사람

😀 **몰랐어요!**

'大事'를 읽는 방법 2가지?

・ だいじ 중요함 / 소중함 / 중대사

・ おおごと 큰일

예 **だいじ**に して ください。 소중히 해 주세요.
　 くにの **だいじ**。 나라의 중대사.

예 **おおごと**に なって しまった。 큰일이 되어 버렸어(일이 커져 버렸어).

안에 알맞은 표현을 넣어 보세요.

1 차 <u>드세요</u>.

おちゃ 　　　　　　　。

2 <u>무료로(자유롭게)</u> 이용하세요.

　　　　　　　　　　どうぞ。

3 저는 <u>샐러리맨</u>이에요.

わたしは 　　　　　　　です。

4 그는 <u>친구</u>예요.

かれは 　　　　　　なんです。

5 마리 씨<u>도</u> <u>한국 분</u>이에요?

まりさん 　　　　　　　　　　ですか。

6 <u>와~</u>! <u>요리사</u>예요?

　　　　　　！ 　　　　　　なんですか。

7 애인 <u>아니에요</u>. 가족<u>이에요</u>.

こいびと 　　　　　　　　。 かぞく 　　　　　。

8 오늘은 토요일 <u>아닌가요</u>?

きょうは どようび 　　　　　　　　　。

9 학생<u>이 아니라</u>, 교사예요.

がくせい 　　　　　　　、 きょうしです。

10 비가 <u>아니라서</u>, 다행이야.

　　　　　　　、 よかった。

일본의 봄은 슬프다?!

はる
하 루

봄

일본의 졸업식은 3월에 있습니다. 그래서 일본의 졸업식 노래에는 항상 흐드러지게 핀 벚꽃 아래에서의 이별 이야기가 나옵니다. 그럼 또 한국과 일본 졸업식의 다른 점은 뭐가 있을까요?

1 학부모는 졸업식에서 검은색 정장을 입는다. O
➡ 튀지 않는 색으로 주로 모노톤의 정장을 입습니다.

2 교복의 두 번째 단추로 사랑을 고백한다. O
➡ 심장과 가장 가까운 위치에 있는 두 번째 단추를 주며, 남학생이 좋아하는 여자에게 고백합니다. 반대로, 여자가 '두 번째 단추를 저에게 주세요'라고 졸업하는 남학생에게 고백하기도 합니다.

3 대학교의 졸업식 때는 학사모와 가운을 입는다. X
➡ 일본 대학교의 졸업식에서 여학생은 '하카마(はかま)'라는 기모노를 남학생은 검은색 양복을 주로 입습니다.

4 졸업식 전에는 미용실에 간다. O
➡ 하카마는 혼자 입기 어려워서 비용을 지불하고 미용실에서 입는 경우가 많습니다. 이때 헤어와 메이크업까지 세트로 받기도 합니다.

Day 11

これ ください。
코 레 쿠 다 사 이

이거 주세요.

일본 여행에서 '주세요'는 정말 많이 사용합니다. 여러분도 주문할 때, 무언가 필요한 것이 있을 때 사용해 보세요.
'여기부터 여기까지 전~부 주세요!(ここから ここまで ぜんぶ ください！)'라고 살면서 한번쯤은 외쳐 보고 싶네요.
'~ 주세요'는 '～ ください'입니다.

ここから ここまで ぜ～んぶ ください！
여기부터 여기까지 전~부 주세요!

えーっ！
넷~!

오늘의 단어

ここ 여기 ┃ ～から ~부터 ┃ ～まで ~까지 ┃ ぜんぶ 전부

표현을 듣고 반복해서 따라 해 보세요.

- **これ ください。** 이것 주세요.
  ☺반복 횟수 チェック！ ☑☐☐☐☐☐

- **おみず ください。** 물 주세요.
  ☺반복 횟수 チェック！ ☑☐☐☐☐☐

🎤 밑줄 친 부분을 주어진 단어로 바꿔 말해 보세요.

예 **おしぼり** 물수건

➡ <u>おしぼり</u> **ください。** 물수건 주세요.

① **のみもの** 음료수　　② **さきに のみもの** 음료수 먼저

③ **おはし** 젓가락　　④ **おはし ひとつ** 젓가락 하나

⑤ **ビニールぶくろ** 비닐봉지

⑥ **ビニールぶくろ もう ひとつ** 비닐봉지 하나 더

😀 **몰랐어요!**

일본에서 물을 일컫는 표현은 다양해요.

- **おみず** 냉수　　　　　　· **おひや** 냉수
- **おゆ** 뜨거운 물　　　　· **おちゃ** 차
- **つめたい おちゃ** 차가운 차　　· **あたたかい おちゃ** 따뜻한 차

これと これ ください。
코 레 또 코 레 쿠 다 사 이

이거랑 이거 주세요. / 이것과 이것 주세요.

이번에는 다양한 물건을 주문해 볼까요?
'이거(これ)'와 '주세요(ください)'만 알고 있다면, 껌부터 우주선까지 모든 물건을 살 수 있어요.
조사 '~와/~과'는 '～と'입니다. 단, 명사에만 사용합니다.

すみません！ これと これと これと これ ください！
여기요. 이것과 이것과 이것과 이것 주세요!

おきゃくさま！ ぜんぶ おなじ ものですが。
손님! 전부 같은 건데요.

오늘의 단어

すみません 여기요 | これ 이것 | おきゃくさま 손님 | ぜんぶ 전부 |
おなじ もの 같은 것, 같은 물건 | ～ですが ~입니다만, ~인데요

표현을 듣고 반복해서 따라 해 보세요.

- **これと これ ください。** 이것과 이것 주세요.
  ☺반복 횟수 チェック! ☑☐☐☐☐☐

- **これと おなじ もの ください。** 이것과 같은 것 주세요.
  ☺반복 횟수 チェック! ☑☐☐☐☐☐

밑줄 친 부분을 주어진 단어로 바꿔 말해 보세요.

예 おしぼり / こざら 물수건 / 작은 접시

→ **おしぼりと こざら ください。** 물수건과 작은 접시 주세요.

① **スプーン / おはし りょうほう** 스푼 / 젓가락 둘 다

② **あれ / おなじ もの ひとつ** 저것 / 같은 것 하나

③ **これ / これ ひとつずつ** 이것 / 이것 하나씩

몰랐어요!

주문할 때 숫자도 함께 사용해 보세요.

하나	둘	셋	넷	다섯
ひとつ	ふたつ	みっつ	よっつ	いつつ
여섯	일곱	여덟	아홉	열
むっつ	ななつ	やっつ	ここのつ	とお

レシート おねがいします。

레 시 - 토 　 오 네 가 이 시 마 스

영수증 부탁해요. / 영수증 주세요.

'부탁해요'는 'おねがいします'입니다. 'ください(주세요)'보다 정중한 표현으로,
주문에서 부탁까지 다양한 장면에서 사용할 수 있습니다.
상대방이 나를 위해 무언가 해주기를 바랄 때는 상대방을 향해 'おねがいします'
라고 외쳐 보세요. 반말로 '부탁해' 할 때는 'おねがい'나 'たのむ'라고 합니다.

チェックイン おねがいします!
レシート おねがいします!
ルームサービスも おねがいします!

체크인 부탁해요! 영수증 부탁해요! 룸서비스도 부탁해요!

はーい! はーい! はーい!

네~! 네~! 네~!

오늘의 단어

チェックイン 체크인 | レシート 영수증 | ルームサービス 룸서비스 | 〜も ~도

🔊 표현을 듣고 반복해서 따라 해 보세요.

• **チェックイン おねがいします。** 체크인 부탁해요.
　☺ 반복 횟수 チェック！ ✓☐☐☐☐☐

• **チェックアウト おねがいします。** 체크아웃해 주세요.
　☺ 반복 횟수 チェック！ ✓☐☐☐☐☐

 밑줄 친 부분을 주어진 단어로 바꿔 말해 보세요.

예 **おかんじょう** 계산
　➡ **おかんじょう** おねがいします。 계산 부탁해요.

① **レシート** 영수증　　　② **りょうしゅうしょう** 영수증

③ **サイン** 사인　　　④ **こちらに サイン** 이쪽에 사인

⑤ **ルームサービス** 룸서비스

⑥ **もういちど ルームサービス** 한번 더 룸서비스

😄 **몰랐어요!**

일본에서 '영수증'을 일컫는 표현은?

• **レシート**　　　계산대(기계)에서 나오는 간단한 영수증

• **りょうしゅうしょう** 회사 또는 세무서 제출용으로 이름, 용도 등을 기재한 영수증

Day 14

じゅうでん
쥬 - 덴
おねがいします。
오 네 가 이 시 마 스

충전 부탁해요. / 충전해 주세요.

여행에서 필수 아이템인 교통카드와 휴대전화! '충전해 주세요'는 일본말로 어떻게 할까요? 또, '몸과 마음을 재충전해요'는 일본말로 어떻게 할까요? 우리말로는 같은 '충전'이지만, 일본말로는 전부 다른 단어를 사용합니다. 사전에만 의지하면 낭패를 볼 때도 있답니다.

すみません!
じょうしゃカードの じゅうでん おねがいします!
여기요. 교통카드 충전해 주세요!

じゅうでん? じゅうでん? あ! チャージですね。
(전기) 충전? 충전? 아! (금액) 충전이죠.

오늘의 단어

すみません 여기요 | じょうしゃカード 교통카드 | 〜の ~의 | じゅうでん (전기) 충전 |
チャージ (금액) 충전

🔊 표현을 듣고 반복해서 따라 해 보세요.

- **ケータイの じゅうでん おねがいします。**

  휴대전화 충전 부탁해요.

  ☺반복 횟수 チェック！☑☐☐☐☐☐

- **じょうしゃカードの チャージ おねがいします。**

  교통카드 충전해 주세요.

  ☺반복 횟수 チェック！☑☐☐☐☐☐

🎤 밑줄 친 부분을 주어진 단어로 바꿔 말해 보세요.

예 **この ふく / せんたく**   이 옷 / 세탁

➔ <u>**この ふくの せんたく**</u> **おねがいします。**

   이 옷의 세탁(을) 부탁해요.

1 **あした / モーニングコール**   내일 / 모닝콜

2 **よやく / とりけし**   예약 / 취소

3 **304(さんまるよん)ごうしつ / ルームサービス**

   304호실 / 룸서비스

 몰랐어요!

일본에서 '충전'을 일컫는 표현은?

- **じゅうでん**   전기를 사용한 충전
- **チャージ**   금액 충전
- **リフレッシュ**   피로한 몸과 마음의 충전

Day 15

これは いくらですか。
코 레 와 이 쿠 라 데 스 까

이것은 얼마예요?

일본의 스키장은 푹신푹신한 '파우더 스노우'로 유명합니다. 스키장까지 버스를 타고 가서, 스키와 스키복을 대여하고, 스키 강습을 받아 보세요. '왕복 버스 요금은 얼마예요?' '스키복 대여료는 얼마예요?' '강습비는 얼마예요?'
'~은(는) 얼마예요?'는 '〜は いくらですか'입니다. 참고로, 탱글탱글 맛있는 '연어알'도 'いくら'라고 합니다.

おうふくの バスだいは いくらですか。
スキーの レンタル りょうきんは? レッスンりょうは?
왕복 버스 요금은 얼마인가요? 스키 대여료는? 강습비는?

おきゃくさま! スキーツアー あわせて
きゅうせん えんに なります。
손님! 스키 투어 합쳐서 9천 엔 되겠습니다.

오늘의 단어

おうふく 왕복 | バスだい 버스 요금 | スキー 스키 | レンタル りょうきん 렌털 요금 |
レッスンりょう 강습비 | スキーツアー 스키 투어 | あわせて 합쳐서 | きゅうせん えん 9천 엔 |
〜に なります | ~이(가) 되겠습니다

🔊 표현을 듣고 반복해서 따라 해 보세요.

- **これは いくらですか。** 이것은 얼마예요?

  😊 반복 횟수 チェック！ ☑☐☐☐☐☐

- **にゅうじょうりょうは いくらですか。** 입장료는 얼마예요?

  😊 반복 횟수 チェック！ ☑☐☐☐☐☐

🎤 밑줄 친 부분을 주어진 단어로 바꿔 말해 보세요.

예 **チケット** 티켓

　➡ <u>チケット</u>は いくらですか。 티켓은 얼마예요?

① **かたみち** 편도　　　② **おうふく** 왕복

③ **りょうきん** 요금　　　④ **くうこうまで** 공항까지

⑤ **そうりょう** 배송비　⑥ **レンタル りょうきん** 렌털 요금

😄 **몰랐어요!**

일본어로 '요금 구별' 표현은?

- 大人 어른
  <small>おとな</small>
- 子供 어린이
  <small>こども</small>
- 学生 학생
  <small>がくせい</small>
- シニア 시니어
- 男性 남성
  <small>だんせい</small>
- 女性 여성
  <small>じょせい</small>

わりびきで いくらですか。
와 리 비 끼 데 이 쿠 라 데 스 까

할인해서 얼마예요?

식당이나 카페에 가면 메뉴판에서 '〜付き[츠끼]'라는 단어에 주목하세요! '~포함'
이라는 뜻으로 사이드 메뉴를 가리킬 때 많이 사용합니다.
예를 들어, 'サラダ付き[사라다 츠끼]'는 샐러드가 함께 딸려 나온다는 뜻이지요.
그것도 모르고 샐러드를 하나 더 주문해서, 풀만 먹다가 나올 수 있답니다. 또, '〜
付き'로 주문하면 더욱더 저렴한 가격에 먹을 수도 있습니다. '~포함해서 얼마예
요?'라는 표현은 꼭 기억해 두세요.

サラダと ドリンク つきで いくらですか。
샐러드와 드링크 포함해서 얼마인가요?

サラダと ドリンク つきで せん えんです。
샐러드와 드링크 포함해서 천 엔입니다.

오늘의 단어

サラダ 샐러드 | 〜と ~와, ~과 | ドリンク 드링크 | 〜つきで ~포함해서 | せん えん 천 엔

🔊 표현을 듣고 반복해서 따라 해 보세요.

· **わりびきで いくらですか。** 할인해서 얼마예요?
😊 반복 횟수 チェック！ ☑ ☐ ☐ ☐ ☐ ☐

· **ぜんぶで いくらですか。** 전부 해서 얼마예요?
😊 반복 횟수 チェック！ ☑ ☐ ☐ ☐ ☐ ☐

 밑줄 친 부분을 주어진 단어로 바꿔 말해 보세요.

예 **サラダ つき** 샐러드 포함

→ <u>サラダ つき</u>で いくらですか。 <u>샐러드 포함</u>해서 얼마예요?

① こども さんにん　　　　　　　어린이 3명
② おとな ひとり、こども ひとり　어른 1명, 어린이 1명
③ ちょうしょく つき　　　　　　조식 포함
④ のみもの つき　　　　　　　　음료수 포함

😲 **몰랐어요!**

일본어로 '사람 수'를 세어 보세요.

1명	2명	3명	4명	5명
ひとり	ふたり	さんにん	よにん	ごにん
6명	7명	8명	9명	10명
ろくにん	しちにん	はちにん	きゅうにん	じゅうにん

Day 17

おすすめは なんですか。
오 스 스 메 와 난 데 스 까

추천(메뉴)은 뭔가요?

'추천 요리는 뭔가요?' '추천 상품은 뭔가요?' '추천 음료수는 뭔가요?' '추천 드라마는 뭔가요?' 전부 다 일본어로 말하고 싶다고요?
일본어로는 'おすすめは なんですか' 이 한 문장이면 끝입니다. 일본어 세계의 '빨간약' 같은 존재네요.
'~은(는) 뭔가요?'는 '〜は なんですか'입니다.

すみません。おすすめは なんですか。
여기요. 추천 요리는 뭔가요?

きょうは カレーうどんが おすすめです。
오늘은 카레우동을 추천합니다.

오늘의 단어

すみません 여기요 | おすすめ 추천 | 〜は ~은, ~는 | きょう 오늘 | カレーうどん 카레우동 |
〜が ~이, ~가

🔊 표현을 듣고 반복해서 따라 해 보세요.

• これは なんですか。 이것은 뭔가요?
  ☺반복 횟수 チェック！ ☑☐☐☐☐☐

• おすすめは なんですか。 추천(메뉴)은 뭔가요?
  ☺반복 횟수 チェック！ ☑☐☐☐☐☐

🎤 밑줄 친 부분을 주어진 단어로 바꿔 말해 보세요.

 にんきメニュー 인기 메뉴

  ➡ <u>にんきメニュー</u>は なんですか。 인기 메뉴는 뭔가요?

❶ それ 그것　　　　　　❷ あれ 저것

❸ しんせいひん 신제품　　❹ パスワード 비밀번호

❺ (お)なまえ 이름(성함)　❻ (お)しごと 직업

 몰랐어요!

일본인이 좋아하는 단어 '**グルメ**[구루메]'의 의미는?

프랑스어 'gourmet; 미식가, 미식'의 일본식 발음.

• B級グルメ　　　B급의 가성비 좋은 음식(서민 음식)

• ご当地グルメ　　그 지역에서 맛있는 음식

• 孤独のグルメ　　고독한 미식가(일본의 유명한 만화 및 드라마 제목)

Day 18

パスワードは なんですか。
파 스 와 - 도 와 난 데 스 까

비밀번호는 뭔가요?

이제는 여행의 필수 아이템인 스마트폰! Wi-Fi(와이파이)만 사용할 수 있다면, 더욱더 많은 정보를 얻을 수 있겠지요. 호텔이나 카페에서 Wi-Fi 비밀번호를 물어보세요~! 'Wi-Fi'의 일본어 발음은 [와이파이]가 아니라, [와이화이].

すみません。
Wi-Fi(ワイファイ)の パスワードは なんですか。
저기요. Wi-Fi 비번은 뭔가요?

ゆうりょうに なりますが、よろしいでしょうか。
유료 Wi-Fi가 됩니다만, 괜찮으신가요?

오늘의 단어

すみません 저기요 | Wi-Fi(ワイファイ) Wi-Fi(와이파이) | パスワード 비밀번호(패스워드) |
ゆうりょう 유료 | ~に なりますが ~이(가) 됩니다만(정중한 표현) |
よろしいでしょうか 괜찮으십니까?(정중한 표현)

🔊 표현을 듣고 반복해서 따라 해 보세요.

• **Wi-Fi(ワイファイ)の パスワードは なんですか。**

Wi-Fi(와이파이) 비번은 뭔가요?

☺ 반복 횟수 チェック！ ☑☐☐☐☐☐

• **みせの なまえは なんですか。** 가게의 이름은 뭔가요?

☺ 반복 횟수 チェック！ ☑☐☐☐☐☐

 밑줄 친 부분을 주어진 단어로 바꿔 말해 보세요.

예 **たんご / いみ** 단어 / 의미(뜻)

➡ <u>たんご</u>の <u>いみ</u>は なんですか。 <u>단어</u>의 <u>뜻</u>은 뭔가요?

❶ **ちかい えき / なまえ** 가까운 역 / 이름

❷ **りょうり / なまえ** 요리 / 이름

❸ **きむらさん / おしごと** 기무라 씨 / 직업

😀 **몰랐어요!**

일본 카페는 'Wi-Fi와 충전'이 무료?

일본의 카페는 Wi-Fi가 무료인 곳도 있지만, 유료인 곳도 많습니다.
'Free Wi-Fi' 또는 'Wi-Fi 無料(むりょう)'라는 표시가 있을 때만 무료로 사용할 수 있습니다.
또, 전기 콘센트를 사용할 수 없는 곳도 많기 때문에 꼭 확인하고 사용해야 합니다.
잘못하면 '전기도둑'이 될 수 있어요~!

しゅっぱつは
슙 빠 츠 와
なんじですか。
난 지 데 스 까

출발은 몇 시인가요?

일본 공항에 도착한 후, 우리에게 제일 처음 닥치는 난관은 시내로 들어가는 교통 편을 이용하는 것이 아닐까 싶습니다. '신주쿠행 버스는 몇 시인가요?' '다음 버스 는 몇 시인가요?' 이 두 가지 표현만 알고 있어도, 훨씬 여유롭게 난관을 헤쳐나갈 수 있을 겁니다.
'몇 시인가요?'는 'なんじですか'입니다.

しんじゅく ゆきの バスは ごじです。
신주쿠행 버스는 5시입니다.

えっ! いま、ごじですよね。
つぎの バスは なんじですか。
엥! 지금, 5시네요. 다음 버스는 몇 시인가요?

오늘의 단어

しんじゅく 신주쿠(도쿄의 지명) | 〜ゆきの バス ~행 버스 | ごじ 5시 | いま 지금 |
つぎの バス 다음 버스

🔊 표현을 듣고 반복해서 따라 해 보세요.

- **しゅっぱつは なんじですか。** 출발은 몇 시인가요?
  ☺반복 횟수 チェック! ☑☐☐☐☐☐

- **とうちゃくは なんじですか。** 도착은 몇 시인가요?
  ☺반복 횟수 チェック! ☑☐☐☐☐☐

🎤 밑줄 친 부분을 주어진 단어로 바꿔 말해 보세요.

 くうこう ゆきの バス 공항행 버스

➜ <u>くうこう ゆきの バス</u>は なんじですか。

  공항행 버스는 몇 시인가요?

① **しはつ** 첫차   ② **しゅうでん** 마지막 전철

③ **かいてんじかん** 개점 시간   ④ **へいてんじかん** 폐점 시간

⑤ **つぎの バス** 다음 버스   ⑥ **つぎの ひこうき** 다음 비행기

😛 **몰랐어요!**

일본어로 '출발'과 '도착' 표현은?

오사카 발	출발	발차(차량 출발)
おおさか発	出発	発車
서울 착	도착	도착합니다
ソウル着	到着	つきます

なんじから なんじまで。

난 지 까 라　　난 지 마 데

몇 시부터 몇 시까지.

호텔 예약 시에 조식 포함인 곳이 많습니다. 또, 일본 호텔의 조식은 뷔페식인 곳이 많습니다. 다양한 음식으로 아침 식사를 든든히 하면 하루 여행이 더 즐거울 수 있겠지요. 일본어로 '조식'은 '朝食[쵸오쇼꾸]', '조식 포함'은 '朝食付き[쵸오쇼꾸츠끼]'. 호텔 체크인할 때 '조식 포함'인지 꼭 확인하시고, '조식 시간'도 함께 확인해 보세요.
'몇 시부터 / 몇 시까지'는 'なんじから / なんじまで'입니다.

おきゃくさま! いっぱく、ちょうしょく つきに なります。
손님! 1박, 조식 포함이 되겠습니다.

ちょうしょくは なんじから なんじまでですか。
조식은 몇 시부터 몇 시까지인가요?

오늘의 단어

おきゃくさま 손님 | いっぱく 1박 | ちょうしょく 조식 | ～に なります ~이(가) 되겠습니다 | ～から ～まで ~부터 ~까지

🔊 **표현을 듣고 반복해서 따라 해 보세요.**

· **ちょうしょくは なんじからですか。**

아침 식사(조식)는 몇 시부터인가요?

😊 반복 횟수 チェック！ ☑☐☐☐☐☐

· **ちょうしょくは なんじまでですか。**

아침 식사(조식)는 몇 시까지인가요?

😊 반복 횟수 チェック！ ☑☐☐☐☐☐

 밑줄 친 부분을 주어진 단어로 바꿔 말해 보세요.

예 **ラストオーダー / なんじまで** 라스트 오더 / 몇 시까지

➡ **ラストオーダーは なんじまでですか。**

마지막 주문(라스트 오더)은 몇 시까지인가요?

① **チェックアウト / なんじまで** 체크아웃 / 몇 시까지

② **ろてんぶろ / なんじから** 노천온천 / 몇 시부터

③ **えいぎょうじかん / なんじから** 영업시간 / 몇 시부터

😊 **몰랐어요!**

일본의 '라스트 오더'?

일본의 식당에는 라스트 오더를 받는 곳이 많습니다. 예를 들어 11시까지 영업하는 가게이지만, 라스트 오더는 10시까지로 10시 이후에는 손님을 더 이상 받지 않습니다. 가게에 들어가기 전에 '라스트 오더는 몇 시까지인가요?'라고 물어보세요.

안에 알맞은 표현을 넣어 보세요.

1 이거 <u>주세요</u>.

これ _____ 。

2 <u>이것과 같은 것 주세요</u>.

これ _____ おなじ もの _____ 。

3 영수증 <u>부탁해요</u>.

レシート _____ 。

4 교통카드 <u>충전</u>해 주세요.

じょうしゃカードの _____ おねがいします。

5 티켓은 <u>얼마예요</u>?

チケットは _____ 。

6 할인해서 <u>얼마예요</u>?

わりびきで _____ 。

7 추천(메뉴)은 <u>뭔가요</u>?

おすすめ _____ 。

8 와이파이 <u>비번은 뭔가요</u>?

Wi-Fi(ワイファイ)の _____ 。

9 <u>공항행 버스</u>는 몇 시인가요?

_____ は なんじですか。

10 <u>아침 식사(조식)는 몇 시부터인가요</u>?

ちょうしょくは _____ 。

---

 ❶ください ❷と / ください ❸おねがいします ❹チャージ ❺いくらですか ❻いくらですか
❼は / なんですか ❽パスワードは / なんですか ❾くうこう ゆきの バス ❿なんじからですか

여름은 워터파크로~

なつ

나　쯔

여름

여름에는 남녀노소 누구나 안전하게 즐길 수 있는 워터파크가 인기이지요. 일본에도 도쿄를 비롯해 많은 지역에 워터파크가 있어요. 일본에서는 '워터파크'라는 표현을 사용하는 곳도 있지만, 보통은 '풀장'이라고 해요.

워터파크	プール / ウォーターパーク
실외 풀장	屋外プール
실내 풀장	屋内プール
유수 풀장	流水プール
파도 풀장	波のプール
슬라이드	スライダー
수영	水泳
수영 학원	スイミング教室
수영복	水着
수영 모자	スイムキャップ
물안경	ゴーグル
튜브	浮き輪

りょこう ちゅうです。

로 코 - 츄 - 데 스

여행 중이에요. / 여행하고 있어요.

'지금 ~하고 있어요'라는 긴 문장을 만들고 싶다면, 간단하게 단어 뒤에 '~하는 중'의 '〜ちゅう'만 붙여 보세요.
'데이트하고 있어'는 'デートちゅう', '아르바이트하고 있어'는 'バイトちゅう'.
참~ 쉽죠?! 발음은 [츄]가 아니라, 장음에 주의하면서 [츄우].

> いま、りょこう ちゅうですか。
> 지금 여행 중인가요?

> いいえ。わたしは いま、りゅうがく ちゅうです。
> 아니요. 저는 지금, 유학 중이에요.

오늘의 단어

いま 지금 | りょこう 여행 | いいえ 아니요 | わたし 나, 저 | 〜は ~은, ~는 | りゅうがく 유학

표현을 듣고 반복해서 따라 해 보세요.

- **いま、りょこう ちゅうです。** 지금, 여행 중이에요.

  ☺ 반복 횟수 チェック！ ☑☐☐☐☐☐☐

- **いま、しゅっちょう ちゅうです。** 지금, 출장 중이에요.

  ☺ 반복 횟수 チェック！ ☑☐☐☐☐☐☐

밑줄 친 부분을 주어진 단어로 바꿔 말해 보세요.

예 **りゅうがく** 유학

➜ **いま、りゅうがく ちゅうです。** 지금, 유학 중이에요.

① **れんあい** 연애   ② **べんきょう** 공부

③ **しごと** 일   ④ **かいぎ** 회의

⑤ **じゅんび** 준비   ⑥ **しゅうかつ** 취업 준비

😛 몰랐어요!

일본어로 '여행'은?

- **りょこう** 목적지와 일정이 정해진, 예약하고 떠나는 여행
- **たび** 목적지와 일정이 정해지지 않은, 예약 없이 떠나는 여행
- **かんこう** 관광
- **ツアー** 단체 여행에서 주로 사용

Day 22

まだ、
マ　ダ
セール ちゅうですか。
세 - 루　 츄 - 데 스 까

아직, 세일 중인가요? / 아직, 세일 하고 있나요?

여행 중에 너무 이른 시간에 돌아다니다 보면, '영업 중' '준비 중'이라는 표지판을
자주 볼 수 있습니다. 표지판이 없는 경우에는 직접 '영업 중인가요?'라고 물어보
는 것도 괜찮겠지요. 그리고 사고 싶은 물건이 있다면 '세일 중인가요?'라고 점원
에게 물어보세요. 의외로 좋은 정보를 얻을지도 모릅니다.
'セール'의 'ル' 발음은 [루]와 [르]의 중간 발음으로.

まだ セール ちゅうですか。
아직 세일 중인가요?

セールは きのうまででしたが、
ごじからの タイムサービスを ごりよう ください。
세일은 어제까지였지만, 5시부터인 타임 서비스를 이용해 보세요.

오늘의 단어

まだ 아직 ｜ セール 세일 ｜ きのうまで 어제까지 ｜ ～でしたが ~였습니다만 ｜ ごじからの 5시부터인 ｜
タイムサービス 타임 서비스 ｜ ～を ~을, ~를 ｜ ごりよう ください 이용해 주세요(존경 표현)

🔊 표현을 듣고 반복해서 따라 해 보세요.

- **まだ、セール ちゅうですか。** 아직, 세일 중인가요?
  😊 반복 횟수 チェック！ ☑☐☐☐☐☐

- **いま、しょくじ ちゅうですか。** 지금, 식사 중인가요?
  😊 반복 횟수 チェック！ ☑☐☐☐☐☐

 밑줄 친 부분을 주어진 단어로 바꿔 말해 보세요.

예 **いま / でんわ** 지금 / 전화(통화)

→ **いま、でんわ ちゅうですか。** 지금, 통화 중인가요?

1 **まだ / えいぎょう** 아직 / 영업

2 **まだ / じゅぎょう** 아직 / 수업

3 **いま / じゅんび** 지금 / 준비

4 **いま / はんばい** 지금 / 판매

😀 **몰랐어요!**

일본어로 '세일' 표현은?

- **タイムセール** 타임 세일
- **激安セール** 파격 세일
- **限定セール** 한정 세일
- **半額セール** 반값 세일

おなじ サークルです。

오 나 지 사 - 쿠 루 데 스

같은 동아리예요.

같은 학교에서, 같은 동아리의, 같은 나이인 친구를 만났어요. 같은 반은 아니었지만, 같은 동아리였기 때문인지 항상 같은 생각을 했어요.
갑자기 '같은'이라는 표현이 굉장히 궁금하시지요? '같은'은 'おなじ'입니다.
또, '동아리'는 'サークル' 외에도 '部活[부카츠]' 'クラブ[크라브]' '同好会[도오코오카이]' 등으로도 말합니다.

わたしたちは おなじ クラスじゃ ないけど、
おなじ サークルです。
우리는 같은 반은 아니지만, 같은 동아리예요.

あー! それで おふたり、おなじ ふくなんですか。
아~! 그래서 두 분, 같은 옷인가요?

오늘의 단어

わたしたち 우리 | ～は ~은, ~는 | クラス 반 | ～じゃ ないけど ~이(가) 아니지만 |
サークル 동아리, 서클 | それで 그래서 | おふたり 두 분(존경 표현) | ふく 옷 |
～なんですか ~인가요?

표현을 듣고 반복해서 따라 해 보세요.

- **おなじ サークルです。** 같은 동아리예요.
  ☺반복 횟수 チェック！ ☑□□□□□

- **おなじ ものです。** 같은 거예요.
  ☺반복 횟수 チェック！ ☑□□□□□

🎤 밑줄 친 부분을 주어진 단어로 바꿔 말해 보세요.

예 **とし** 나이

➡ **おなじ としです。** 같은 나이예요.

① **おかず** 반찬   ② **いみ** 뜻, 의미

③ **クラス** 반, 클래스   ④ **がっこう** 학교

⑤ **かんがえ** 생각   ⑥ **きもち** 기분

😀 **몰랐어요!**

일본어로 '동아리' 관련 표현은?
- **サークル 活動** (かつどう)   동아리 활동
- **サークルの 先輩** (せんぱい)   동아리 선배
- **サークル リーダー**   동아리 회장

Day 24

しゅみが おなじです。
슈　미　가　오　나　지　데　스

취미가 같아요.

좋아하는 사람이 생기면, 자꾸 그 사람과 나와의 공통점을 찾게 됩니다.
'그 사람과 나는 취미가 같아.' '그 사람과 나는 생일이 똑같아. 완전 소~름!'
'~이(가) 같아요'는 '～が おなじです'입니다. 또, 조사 '~와/~과'는 '～と'입니다.
부정형으로 '같지 않아요'라고 할 때는 'おなじじゃ ないです'라고 합니다.

> びっくり! わたしと みょうじが おなじです。
> わたしも 'キム'です!
> 깜짝이야! 나랑 성이 똑같아요. 저도 '김'이에요!

> ハハハ、キムという おなじ みょうじの
> かんこくじんは けっこう おおいですけど。
> 하하하, '김'이라는 같은 성의 한국인은 굉장히 많은데요.

오늘의 단어

びっくり 깜짝이야 ｜ わたし 나, 저 ｜ みょうじ 성 ｜ ～も ~도 ｜ キム 김(한국인 성) ｜
～という ~라는 ｜ かんこくじん 한국인 ｜ けっこう 꽤, 굉장히 ｜ おおいです 많아요 ｜
～けど ~인데, ~지만

🔊 표현을 듣고 반복해서 따라 해 보세요.

- **かれと しゅみが おなじです。** 그와 취미가 같아요.
  😊 반복 횟수 チェック！ ☑☐☐☐☐☐

- **わたしと たんじょうびが おなじです。** 나와 생일이 같아요.
  😊 반복 횟수 チェック！ ☑☐☐☐☐☐

 밑줄 친 부분을 주어진 단어로 바꿔 말해 보세요.

예 **かのじょ / マンション** 그녀 / 아파트

➡ <u>**かのじょ**</u>と <u>**マンション**</u>が おなじです。
  <u>그녀</u>와 <u>아파트</u>가 같아요.

1 **きのう / ふく** 어제 / 옷

2 **おっと / みょうじ** 남편 / 성

3 **これ / ねだん** 이것 / 가격

4 **まえ / かみがた** 전 / 헤어스타일

😲 **몰랐어요!**

일본어로 '아파트'는?

- **アパート**   다세대 주택(저층의 다가구 주택)
- **マンション**   고층 아파트(철근 콘크리트로 지어진 고층 건물)
- **タワーマンション**   초고층 아파트

Day 25

どうぶつが すきです。
도 - 부 쯔 가 스 키 데 스

동물을 좋아해요. / 동물이 좋아요.

'좋아해요~!'는 아무리 많이 해도 질리지 않는 표현 중의 하나입니다. 일본인은 '혼네(본심)'와 '다떼마에(겉으로 보이는 모습)'가 있다고들 하지만, 돌려 말하는 것을 좋아하는 일본인들조차도 '좋아해요'라는 표현만큼은 직접적으로 많이 합니다. '~을(를) 좋아해요'는 '〜が すきです'입니다.

자! 여러분들도 적극적으로 외쳐 보세요. 'にほんごの せんせいが すきです!(일본어 쌤을 좋아해요!)'라고요. 단, 'すきです' 앞에는 조사 'を'가 아니라 조사 'が'를 사용해야 합니다.

どんな どうぶつが すきですか。
어떤 동물을 좋아하나요?

キリンが すきです。あと、キリンビールも すきです。
기린을 좋아해요. 또, 기린맥주도 좋아해요.

오늘의 단어

どんな 어떤 | どうぶつ 동물 | キリン 기린 | あと 또 | キリンビール 기린맥주(맥주 종류) | 〜も ~도

🔊 표현을 듣고 반복해서 따라 해 보세요.

・ **どうぶつが すきです。** 동물을 좋아해요.
😊 반복 횟수 チェック！ ☑☐☐☐☐☐

・ **まんがが すきです。** 만화를 좋아해요.
😊 반복 횟수 チェック！ ☑☐☐☐☐☐

🎙 밑줄 친 부분을 주어진 단어로 바꿔 말해 보세요.

 しにせ 노포(오래된 가게)

➡ <u>しにせ</u>が **すきです。** 노포를 좋아해요.

① **りょこう** 여행　　　② **スポーツ** 스포츠

③ **にほんりょうり** 일본 요리　　④ **ペット** 반려동물

⑤ **おんがく** 음악　　　⑥ **えいが** 영화

 몰랐어요!

일본어로 '만화'는?

・ **まんが** 　　　책으로 된 만화
・ **アニメーション** 영상으로 된 만화
・ **アニメ** 　　　애니(アニメーション의 준말)

まんがが だいすきです。
맘 가 가 다 이 스 키 데 스

만화를 너무 좋아해요. / 만화가 너무 좋아요.

'すきです(좋아해요)'만으로는 부족할 때 'だいすきです(너무 좋아해요)'라는 표현을 사용해 보세요. 또 'だいすきです(너무 좋아해요)'만으로는 마음을 표현하기에 부족할 때는 'だいだいすきです(너무너무 좋아해요)'라고 하셔도 됩니다. 'だい'의 사용 횟수는 무한대~!
단, 'だいすきです' 앞에는 조사 'を'가 아니라 조사 'が'를 사용해야 합니다.

この まんがが すきですか。
이 만화가 좋아요?

もちろんです。だい だい だいすきです。
당연하죠. 너무 너무 너무 좋아해요.

오늘의 단어

この 이 ㅣ まんが 만화 ㅣ もちろん 물론이지, 당연하지

표현을 듣고 반복해서 따라 해 보세요.

- **まんがが だいすきです。** 만화가 너무 좋아요.
  ☺ **반복 횟수 チェック！** ☑☐☐☐☐☐

- **このひとが だいすきです。** 이 사람을 너무 좋아해요.
  ☺ **반복 횟수 チェック！** ☑☐☐☐☐☐

🎤 밑줄 친 부분을 주어진 단어로 바꿔 말해 보세요.

예 **わたし / このおかし** 나 / 이 과자

➡ **わたしは このおかしが だいすきです。**
   나는 이 과자를 너무 좋아해요.

1 **わたし / この はいゆう**　　나 / 이 배우

2 **わたし / にほんの うどん**　　나 / 일본 우동

3 **かんこくじん / チキン**　　한국인 / 치킨

4 **にほんじん / かんこくの のり**　일본인 / 한국의 김

몰랐어요!

일본인이 **だいすき**(너무 좋아)하는 '한국 여행 선물' 랭킹?

1. **コスメ**　　　한국 화장품(팩, CC크림, 한방화장품 등)
2. **おかし**　　　과자(전통 과자보다는 일반 봉지 과자가 인기)
3. **のり**　　　　김(조미김, 김자반 등)
4. **インスタント**　인스턴트, 레토르트 식품(찌개류, 라면 등)
5. **ちゃ**　　　　차(옥수수수염차, 홍삼차 등)
그 외에 술, 양말, 한글이 쓰여 있는 소품, 고무장갑, 김치 등.

Day 27

じが おじょうずですね。

<ruby>지<rt></rt></ruby> <ruby>가<rt></rt></ruby> <ruby>오<rt></rt></ruby> <ruby>죠<rt></rt></ruby> - <ruby>즈<rt></rt></ruby> <ruby>데<rt></rt></ruby> <ruby>스<rt></rt></ruby> <ruby>네<rt></rt></ruby>

글씨를 잘 쓰시네요.

'칭찬은 고래도 춤추게 한다'라는 말이 있듯이, 칭찬받아 기분 나쁜 사람은 없을 겁니다. 칭찬을 통해서 상대에게 내 마음을 전할 수도 있고, 좋은 관계도 유지할 수 있게 하지요.

일본에는 'ほめられて のびる タイプ(칭찬받을수록 잘하는 타입)'라는 말이 있어요. 즉, 채찍보다는 당근이 맞는 스타일이라는 뜻인데요. 누군가가 나를 자꾸 비난할 때 한번 큰소리로 외쳐 보세요~~~! "나는 칭찬받아야 잘하는 타입이라고요! (わたしは ほめられて のびる タイプです！)"

'~을(를) 잘하시네요'는 '〜が おじょうずですね'입니다.

うたが おじょうずですね。
노래를 잘하시네요.

もっと！ もっと！
わたしは ほめられて のびる タイプなんです！
더! 더! 난 칭찬받아야 잘하는 타입이라고요!

오늘의 단어

うた 노래 | もっと 더, 더욱더 | わたし 나, 저 | ほめられて のびる タイプ 칭찬받으면 잘하는 타입

🔊 표현을 듣고 반복해서 따라 해 보세요.

- じが おじょうずですね。 글씨를 잘 쓰시네요.

  😊 반복 횟수 チェック！ ☑☐☐☐☐☐

- えんぎが おじょうずですね。 연기를 잘하시네요.

  😊 반복 횟수 チェック！ ☑☐☐☐☐☐

🎤 밑줄 친 부분을 주어진 단어로 바꿔 말해 보세요.

 バスケットボール 농구

➡ <u>バスケットボール</u>が おじょうずですね。

농구를 잘하시네요.

① かんこくご 한국말　　② はなし 이야기, 말

③ ちゅうしゃ 주차　　④ ゴルフ 골프

⑤ てじな 마술　　⑥ ギター 기타

 몰랐어요!

일본어로 '술 잘하시네요' 표현은?

'술(おさけ)'은 '잘하시네요(おじょうずですね)'와 함께 절대 사용하지 않습니다. 대신에 '강하시네요(つよいですね)'를 사용합니다.

예 A おさけが つよいですか。 술 잘하세요?

　　B はい、つよいです。 네, 잘해요.

Day 28

この うた、
코 노 우 타

じょうずですね。
조 - 즈 데 스 네

이 노래, 잘하네요.

앞에서 공부한 'おじょうずですね'는 'じょうずですね'의 정중한 표현입니다. 가까운 사이의 경우에는 'お'를 생략하고 말해도 괜찮습니다. 또, 한국어는 '자동차의 운전'이라고 하기보다는 '의'를 생략하고 '자동차 운전'이라고 표현하지만, 일본어는 명사와 명사 사이에 '~의'를 뜻하는 조사 'の'를 붙이는 경우가 많습니다.
이번에는 조금은 가까워진 사람에게 좀 더 구체적으로 칭찬해 볼까요. '이 노래, 참 잘하네요' '한국 요리, 잘하네요'라고 말입니다. 단, 칭찬은 영혼을 담아서요~!

ああ～ ピーピー ああ～。
아아～ 삑삑 삑사리 아아～♬♪

この うた、とても じょうずですね。
이 노래, 아주 잘하네요.

오늘의 단어

この うた 이 노래 | とても 매우, 아주

표현을 듣고 반복해서 따라 해 보세요.

- **にほんの うた、じょうずですね。** 일본 노래, 잘하네요.

  ☺ 반복 횟수 チェック！ ☑☐☐☐☐☐

- **この ゲーム、じょうずですね。** 이 게임, 잘하네요.

  ☺ 반복 횟수 チェック！ ☑☐☐☐☐☐

🎙 밑줄 친 부분을 주어진 단어로 바꿔 말해 보세요.

- 예 **アイドル / うた** 아이돌 / 노래

  → <u>**アイドル**</u>の <u>**うた**</u>、じょうずですね。

  아이돌(의) 노래 잘하네요.

- ① **くるま / うんてん** 자동차 / 운전
- ② **かんこく / りょうり** 한국 / 요리
- ③ **えいご / はつおん** 영어 / 발음

😄 **몰랐어요!**

일본어로 '칭찬을 받았을 때의 대답'은?

'감사합니다(ありがとうございます)'는 경우에 따라 자신이 잘하는 사실을 인정하고 받아들이는 느낌을 줄 수 있으므로 사용하지 않는 것이 좋습니다. 대신에 아래의 표현을 사용해 보세요.

예 **いいえ、いいえ。** 아니에요. 아니에요.

まだまだです。 아직 멀었습니다.

Day 29

えが とくいなんです。
에 가 토 쿠 이 난 데 스

그림을 잘 그려요. / 그림에 자신 있어요.

이제는 자기 PR 시대입니다. '뭘 잘하세요?'라는 질문에 '잘하는 것 없어요.' '제가 뭘….'이라는 대답은 더 이상 겸손해 보이지 않습니다. 묵묵한 겸손보다는 겸손함을 유지하면서 적극적으로 자신의 매력을 어필해 보는 것이 어떨까요?
단, 상대방이 잘할 때는 '잘해요(じょうずです)'를, 본인이 잘할 때는 '자신 있어요(とくいなんです)'를 사용하는 것이 좋습니다.

> わたしは りょうりが とくいなんです。
> 나는 요리에 자신 있어요.

> りょうりが じょうずなんですね。
> わたしは たべるのが とくいなんです。
> 요리를 잘하는군요. 나는 먹는 것을 잘해요.

오늘의 단어

わたし 나, 저 | ～は ~은, 는 | りょうり 요리 | ～が じょうずなんです ~을(를) 잘해요 |
～ね ~네요, ~군요 | たべるの 먹는 것

🔊 표현을 듣고 반복해서 따라 해 보세요.

・ **えが とくいなんです。** 그림을 잘 그려요.
😊 반복 횟수 チェック! ☑️⬜⬜⬜⬜⬜

・ **れんあい そうだんが とくいなんです。**
연애 상담에 자신 있어요.
😊 반복 횟수 チェック! ☑️⬜⬜⬜⬜⬜

 밑줄 친 부분을 주어진 단어로 바꿔 말해 보세요.

예 **すうがく** 수학
➔ **わたし、すうがくが とくいなんです。**
난, 수학에 자신 있어요.

① **パソコン** 컴퓨터　　② **おかしづくり** 과자 만들기

③ **はやおき** 일찍 일어나기　　④ **みちあんない** 길 안내

⑤ **そうじ** 청소　　⑥ **かたづけ** 정리 정돈

😀 **몰랐어요!**

'～作り(~만들기)'를 사용한 표현은?

・お菓子作り 과자 만들기　　・パン作り 빵 만들기

・家具作り 가구 만들기　　・かばん作り 가방 만들기

・手作り 수제, 핸드메이드

Day 30

とくいな りょうりです。
로 쿠 이 나 료 - 리 데 스

자신 있는 요리예요.

'뭐가 자신 있어요?'라는 질문에 대부분의 사람은 대답을 망설입니다. 'とくい'의 사전적 의미는 '몸에 익숙해져, 자신 있는 일'입니다. 거창하게 생각하기보다는 우선 '몸에 익숙한 것'을 찾은 후, 역으로 '왜 이것이 특기가 될 수밖에 없는지' 그것의 긍정적인 효과를 생각해 보는 것도 좋을 것 같습니다.
예를 들어 '오래 자는 것'에 자신 있다면, '게을러 보여서 절대 특기가 될 수 없어!' 라는 생각보다는 '불면증으로 괴로워하는 사람이 얼마나 많은데, 난 복 받은 거야!' 라고요. 이렇게 생각하면 모든 것이 장점이 될 수 있겠지요.

スポーツは なにが いちばん じょうずですか。
스포츠는 무엇을 제일 잘하나요?

とくいな スポーツですか。けんどうです。
めん！ どう！ こて！
자신 있는 스포츠요? 검도요. 머리! 허리! 손목!

오늘의 단어

スポーツ 스포츠 | ～は ~은, ~는 | なに 무엇 | いちばん 제일, 가장 |
～が じょうずですか ~을(를) 잘하나요? | けんどう 검도 | めん！ どう！ こて！ 머리! 허리! 손목!

🔊 표현을 듣고 반복해서 따라 해 보세요.

• **パスタは とくいな りょうりです。** 파스타는 자신 있는 요리예요.

☺반복 횟수 チェック! ☑☐☐☐☐☐

• **けんどうは とくいな うんどうです。**

검도는 자신 있는 운동이에요.

☺반복 횟수 チェック! ☑☐☐☐☐☐

 밑줄 친 부분을 주어진 단어로 바꿔 말해 보세요.

예 **せおよぎ / およぎかた** 배영 / 영법

➜ <u>せおよぎ</u>は とくいな <u>およぎかた</u>です。

<u>배영</u>은 자신 있는 <u>영법</u>이에요.

❶ こくご / かもく　　　국어 / 과목

❷ これ / うた　　　이것 / 노래

❸ フランスご / がいこくご　프랑스어 / 외국어

😛 몰랐어요!

일본어로 '수영 영법' 표현은?

• クロール 자유형(자유영)
• 背泳ぎ 배영
• 平泳ぎ 평영
• バタフライ 접영

안에 알맞은 표현을 넣어 보세요.

1 지금 여행 중이에요.
いま、りょこう　　　　　　　。

2 아직, 세일 중인가요?
まだ、セール　　　　　　　。

3 같은 동아리예요.
　　　　　　　　サークルです。

4 그와 취미가 같아요.
かれ　　　しゅみが　　　　　。

5 동물이 좋아요.
どうぶつ　　　　　　　。

6 한국인은 치킨을 너무 좋아해요.
かんこくじんは チキン　　　　　　　　。

7 주차를 잘하시네요.
ちゅうしゃ　　　　　　　　　　　。

8 아이돌(의) 노래 잘하네요.
アイドルの うた、　　　　　　。

9 난, 수학에 자신 있어요.
わたし、すうがくが　　　　　　。

10 파스타는 자신 있는 요리예요.
パスタは　　　　　　　　りょうりです。

---

 ① ちゅうです **②** ちゅうですか **③** おなじ **④** と / おなじです **⑤** が / すきです **⑥** が / だいすきです
⑦ が / おじょうずですね **⑧** じょうずですね **⑨** とくいなんです **⑩** とくいな

76　파고다 5분톡 일본어회화: 패턴별 1

여름의 도쿄 근교 인기 데이트 스팟 3!

なつ デート

나   쯔   데   -   로

여름 데이트

[사이타마현]

- **가와고에 히가와 신사(川越永川神社)**
  _{かわごえ ひ がわじんじゃ}

  가와고에역에서 내려 신사까지 걸어가는 길은 전통가옥과 상점들로 인해 에도 시대로 돌아간 듯한 착각을 일으킵니다. 이 신사는 연애, 결혼 등으로 유명한 신사입니다. 소원을 담아 달아놓은 수많은 풍경 소리가 더운 여름을 잊게 한다네요.

[가나가와현]

- **에노시마(江の島)**
  _{え   しま}

  만화 '슬램덩크'로도 유명한 에노시마는 옛날부터 데이트 코스로 유명합니다. 어색한 사이로 갔다가 돌아올 때는 두 손을 꼬옥 잡고 돌아온다는 이야기도 있지요. 석양도 아름다우며, 밤바다의 바람은 기분 좋게 더위를 식혀줍니다.

[야마가타현]

- **야마나카코 하나노미야코 공원(山中湖 花の都公園)**
  _{やまなか こ はな みやここうえん}

  야마나카 호수는 후지산 근처 5개의 호수 중 하나입니다. 해발 950m에 위치한 까닭에 한여름에도 선선하며, 계절에 따라 다양한 꽃을 즐길 수 있는 곳인데요. 여름에는 넓게 펼쳐진 해바라기 밭에서 로맨스를 찍을 수 있지요.

Day 31

ねこが にがてなんです。
네 코 가 니 가 테 난 데 스

고양이랑 안 맞아요.

'잘 안 맞아요.' '잘하지 못해요.' '자신 없어요.' 이 모든 표현이 일본어로는 'にがて
なんです' 하나면 됩니다. 또 일본 사람들은 'きらいです(싫어해요)'라는 강한 표
현보다는 뭔가 선천적으로 안 맞아서 어쩔 수 없다는 뉘앙스의 'にがてなんです
(잘 안 맞아요)'를 더 많이 사용합니다.

> きょう、いっぱい どうですか。
> 오늘 한잔 어때요?

> すみません。わたしは おさけが にがてなんです。
> 죄송해요. 저는 술이 잘 안 맞아요.

오늘의 단어

きょう 오늘 | いっぱい 한잔 | どうですか 어때요? | すみません 죄송해요 | わたし 나, 저 |
おさけ 술

🔊 표현을 듣고 반복해서 따라 해 보세요.

・ **ねこが にがてなんです。** 고양이랑 안 맞아요.
😊 반복 횟수 チェック！ ☑☐☐☐☐☐

・ **かじが にがてなんです。** 집안일은 자신 없어요.
😊 반복 횟수 チェック！ ☑☐☐☐☐☐

 밑줄 친 부분을 주어진 단어로 바꿔 말해 보세요.

예 **ホラー えいが** 공포 영화(호러물)

➔ **ホラー えいがが にがてなんです。**
　공포 영화가 잘 안 맞아요.

❶ さらあらい 설거지　　❷ れきし 역사

❸ びょういん 병원　　❹ たかい ところ 높은 곳

❺ のみかい 술자리　　❻ ひとづきあい 사람 사귀는 것

 몰랐어요!

일본어로 '집안일' 표현은?

・ 家事 집안일
・ 片付け 정리정돈
・ アイロンがけ 다리미질
・ 料理 요리
・ ゴミ出し 쓰레기 버리기

・ 掃除 청소
・ 洗濯 세탁
・ 皿洗い 설거지
・ 買い物 장보기

にがてな ひとですか。

니 가 테 나 히 또 데 스 까

잘 안 맞는(자신 없는) 타입의 사람인가요?

여러분은 '웬만한 것은 다 괜찮아도 이것만은 안 돼!' 하는 것이 있나요?
저의 경우 공포 영화만큼은 정말 적응이 안 됩니다. 함께 영화를 보러 간 일행이
'잘 안 맞는 영화가 있나요?'라고 물어봐 준다면 정말 고마울 것 같습니다.
'잘 안 맞는 ~인가요?'는 'にがてな ～ですか'입니다. 또, '잘하지 못해' '자신 없
어'도 'にがて'를 사용합니다.

すいえいは にがてな うんどうですか。
수영은 자신 없는 운동인가요?

うんどうは ぜんぶ にがてなんですけど…。
운동은 전부 자신 없는데요….

오늘의 단어

すいえい 수영 ｜ ～は ~은, ~는 ｜ うんどう 운동 ｜ ぜんぶ 전부 ｜ ～けど ~인데, ~지만

🔊 표현을 듣고 반복해서 따라 해 보세요.

• **にがてな ひとですか。** 잘 안 맞는 타입(의 사람)인가요?
😊 반복 횟수 チェック！ ☑☐☐☐☐☐

• **にがてな うんどうですか。** 자신 없는 운동인가요?
😊 반복 횟수 チェック！ ☑☐☐☐☐☐

🎤 밑줄 친 부분을 주어진 단어로 바꿔 말해 보세요.

예 **スタイル** 스타일
➡ **にがてな スタイルですか。** 자신 없는 스타일인가요?

① **たべもの** 음식
② **かもく** 과목
③ **ところ** 곳(장소)

 몰랐어요!

일본인이 뽑은 '나와 가장 안 맞는 타입의 사람' Top 3는?

1. **自分勝手** (じぶんかって) 제멋대로인 타입
2. **口調がきつい** (くちょう) 말투가 과격한 타입
3. **怒りっぽい** (おこ) 화를 잘 내는 타입

トイレは どこですか。
토 이 레 와 도 코 데 스 까

화장실은 어디예요?

일본어로 '화장실'을 몰라서 영어 표현으로 'Where is the restroom?'이라고 물어본 적 있으신가요? 생각보다 의미가 잘 전달이 안 돼서 다급히 '레스트룸! 레!스!트!룸!' 하고 외친 적은 없으신가요?

일본에서는 '레스트룸'이라는 표현 대신 'トイレ[토이레]'를 더 많이 사용합니다. 또, 유적지 등에서는 'お手洗い[오테아라이]'라는 표현을 많이 사용하며, 백화점 등에서는 '化粧室[케쇼-시츠]'도 사용합니다.

'~은(는) 어디예요?'는 '〜は どこですか'입니다.

> すみません。トイレは どこですか。
> 저기요. 화장실은 어디예요?

> おてあらいは こちらです。
> 화장실은 이쪽입니다.

오늘의 단어

すみません 저기요 | **トイレ** 화장실 | **おてあらい** 화장실 | **こちら** 이쪽

표현을 듣고 반복해서 따라 해 보세요.

- **トイレは どこですか。** 화장실은 어디예요?
  ☺ 반복 횟수 チェック！ ☑☐☐☐☐☐

- **ほんやは どこですか。** 서점은 어디예요?
  ☺ 반복 횟수 チェック！ ☑☐☐☐☐☐

🎙 밑줄 친 부분을 주어진 단어로 바꿔 말해 보세요.

예 コンビニ 편의점

➡ **コンビニは どこですか。** 편의점은 어디예요?

❶ そばや 메밀국숫집 **❷ パンや** 빵집

❸ うりば 매장 **❹ チケット うりば** 매표소

❺ レジ 계산대 **❻ コインロッカー** 물품 보관함

 몰랐어요!

일본어로 '화장실' 표현은?

- **トイレ** 토일렛(영국식 영어 표현)
- **お手洗い** 화장실(모든 화장실에 사용)
- **化粧室** 화장실(호텔이나 백화점 같은 상업시설의 화장실에만 사용)
- **便所** 변소(화장실의 옛 표현)

いりぐちは どこですか。

이 리 구 치 와 도 코 데 스 까

입구는 어디인가요?

일본의 가게 중에는 입구와 출구가 다른 곳이 꽤 있습니다. 이럴 때 당황하지 말고, '가게 입구는 어디인가요?'라고 물어보세요.

또, 전철이나 지하철의 출구를 물어볼 때도 유용한 표현입니다. 참고로 일본의 전철은 출구를 東口([히가시 구치]; 동쪽 출구), 西口([니시 구치]; 서쪽 출구), 南口([미나미 구치]; 남쪽 출구), 北口([기타 구치]; 북쪽 출구)로 표기합니다.

すみません。みせの いりぐちは どこですか。
저기요, 가게(의) 입구는 어디인가요?

みせの いりぐちは ここですが、
きょうは ていきゅうびです。
가게 입구는 여기인데요. 오늘은 정기휴일이에요.

오늘의 단어

すみません 저기요 | みせ 가게 | ~の ~의 | いりぐち 입구 | ここですが 여기인데요 |
きょう 오늘 | ていきゅうび 정기휴일

🔊 **표현을 듣고 반복해서 따라 해 보세요.**

- **みせの いりぐちは どこですか。** 가게 입구는 어디인가요?

  ☺ 반복 횟수 チェック！ ✔️□□□□□

- **みせの でぐちは どこですか。** 가게 출구는 어디인가요?

  ☺ 반복 횟수 チェック！ ✔️□□□□□

🎤 **밑줄 친 부분을 주어진 단어로 바꿔 말해 보세요.**

예 **たなかさんの かいしゃ** 다나카 씨의 회사

➡ **<u>たなかさんの かいしゃ</u>は どこですか。**

다나카 씨의 회사는 어디인가요?

① **たなかさんの いえ** 다나카 씨의 집

② **つぎの えき** 다음 역

③ **ちかてつの えき** 지하철역

 몰랐어요!

지하철! 전철! 같은 건가요?

일본에서는 '지하철'과 '전철'을 다른 교통수단으로 인식하기 때문에 정확히 구분하여 사용해야 합니다.

- 地下鉄 지하철(지하로만 운행)
- 電車 전철(지상으로만 운행)

バスていは ここですか。

바 스 테 - 와 코 코 데 스 까

버스 정류장은 여기인가요?

외국에서 익숙하지 않은 장소에 찾아가는 일은 정말 쉽지 않습니다. '공항행 버스 정류장은 여기가 맞나요?' '투어의 집합 장소는 여기인가요?' 물어볼 수만 있다면, 안심하고 그다음 일정을 즐길 수 있을 겁니다.

'~은(는) 여기인가요?'는 '〜は ここですか'입니다. 'ここ[코코]'에서 앞의 'こ'는 [고]와 [코]의 중간 발음, 뒤의 'こ'는 [꼬]와 [코]의 중간 발음.

なりた くうこう ゆきの のりばは ここですか。
나리타 공항 방향(의) 승차장은 여기인가요?

はい、ここです。じゅっぷん ごに きます。
네, 여기예요. 10분 후에 올 겁니다.

오늘의 단어

なりた くうこう 나리타 공항 | 〜ゆき ~행 | 〜の ~의 | のりば 승차장, 승강장 | はい 네 |
じゅっぷん 10분 | 〜ごに ~후에 | きます 옵니다, 올 겁니다

🔊 **표현을 듣고 반복해서 따라 해 보세요.**

• バスていは ここですか。 버스 정류장은 여기인가요?
  ☺반복 횟수 チェック！ ☑☐☐☐☐☐

• くうこう ゆきは ここですか。 공항행(방향)은 여기인가요?
  ☺반복 횟수 チェック！ ☑☐☐☐☐☐

🎤 **밑줄 친 부분을 주어진 단어로 바꿔 말해 보세요.**

예 うけつけ 접수(처)

➡ <u>うけつけ</u>は ここですか。 접수(처)는 여기인가요?

❶ おんせん 온천　　　　　❷ ろてんぶろ 노천온천

❸ おとこゆ 남탕　　　　　❹ おんなゆ 여탕

❺ だんし だついじょ 남자 탈의실

❻ じょし だついじょ 여자 탈의실

😀 **몰랐어요!**

일본의 온천은 '男湯(남탕)女湯(여탕)'가 바뀐다?

일본 노천온천의 경우 남탕과 여탕이 바뀌는 시간이 있습니다. 손님들에게 두 곳의 경치를 모두 즐길 수 있게 하기 위해서입니다.
어제 남탕이었다고 해서 오늘도 꼭 남탕이라는 법은 없습니다. 반드시 확인하고 들어가세요~!

Day 36

ここは さきばらいですか。

코 코 와 사 키 바 라 이 데 스 까

여기는 선불인가요?

처음 간 곳은 선불인지 후불인지, 흡연석은 있는지 잘 모릅니다. 좌석을 예약할 때도 지정석인지 자유석인지 잘 모르지요. 그럴 땐 '여기는 선불인가요?'라고 물어보세요.

'여기는 ~인가요?'는 'ここは ～ですか'입니다. 참고로 '선불'은 '先払い[사키바라이]' 또는 '前払い[마에바라이]'라고 합니다.

> つうろがわの していせきで おねがいします。
> 통로 쪽 지정석으로 부탁해요.

> すみません。ここは ぜんせき じゆうせきです。
> 죄송합니다. 여기는 모든 자리가 자유석입니다.

오늘의 단어

つうろがわ 통로 쪽 | していせき 지정석 | おねがいします 부탁합니다 | すみません 죄송합니다 | ぜんせき 전석, 모든 자리 | じゆうせき 자유석

🔊 표현을 듣고 반복해서 따라 해 보세요.

・ここは さきばらいですか。 여기는 선불인가요?
😊 反復 回数 チェック！ ☑☐☐☐☐☐

・ここは あとばらいですか。 여기는 후불인가요?
😊 反復 回数 チェック！ ☑☐☐☐☐☐

 밑줄 친 부분을 주어진 단어로 바꿔 말해 보세요.

예 いま、まんせき 지금, 만석(자리가 없음)
➡ ここは いま、まんせきですか。 여기는 지금, 만석인가요?

1 おおさかえき 오사카역　　**2** JRのりば JR 승강장
3 きんえん 금연　　　　　　**4** いざかや 술집
5 していせき 지정석　　　　**6** じゆうせき 자유석

😀 **몰랐어요!**

일본 교통수단의 '자리' 표현은?

・窓側の席 창가 쪽 자리
・真ん中の席 가운데 자리
・指定席 지정석

・通路側の席 통로 쪽 자리
・普通席 보통석
・自由席 자유석

Lサイズは ありますか。

에르 사 이 즈 와 아 리 마 스 까

L 사이즈는 있나요?

일본에서 쇼핑할 때 말이 잘 통하지 않으면, 사진을 보여주며 '이것 있나요?'라고 말해 보세요. 'ありますか(있나요?)'만 알고 있다면 즐거운 쇼핑의 시간을 가질 수 있습니다. 또 원하는 사이즈와 색도 물어볼 수 있습니다. 'L사이즈는 있나요?' '핑크색은 있나요?'
단, 'ありますか'는 무생물과 식물의 경우에만 사용합니다.

おさがしの サイズは ございますか。
찾으시는 사이즈는 있으십니까?

はい! Lサイズは ありますか。
네! L 사이즈는 있나요?

오늘의 단어

おさがしの 찾으시는(존경 표현) | サイズ 사이즈 | ございますか 있으신가요?(정중한 표현) |
Lサイズ L 사이즈

🔊 표현을 듣고 반복해서 따라 해 보세요.

- **これは ありますか。** 이것은 있나요?

  😊 반복 횟수 チェック！ ☑☐☐☐☐☐

- **ピンクいろは ありますか。** 핑크색은 있나요?

  😊 반복 횟수 チェック！ ☑☐☐☐☐☐

🎤 밑줄 친 부분을 주어진 단어로 바꿔 말해 보세요.

예 **ガイドブック** 가이드북

➡ <u>**ガイドブック**</u>**は ありますか。** 가이드북은 있나요?

① **きつえんせき** 흡연석 ② **きんえんせき** 금연석

③ **メニュー** 메뉴(판) ④ **えいごの メニュー** 영어 메뉴(판)

⑤ **ちず** 지도 ⑥ **かんこくごの ちず** 한국어 지도

😀 **몰랐어요!**

'ありますか(있나요?)'보다 정중한 점원 표현은?

- ございますか 있으십니까?

  예 こぜには ございますか。 잔돈은 있으십니까?

  おさがしの いろは ございますか。 찾으시는 색은 있으십니까?

  おさがしの サイズは ございますか。 찾으시는 사이즈는 있으십니까?

  こちらに ございます。 이쪽에 있습니다.

ランチは
란　　　치　　　와
なにが ありますか。
나　니　가　　아　리　마　스　　까

런치(점심 메뉴)는 뭐가 있나요?

음식점에서 메뉴를 봐도 잘 모를 때는 점원에게 직접 물어보세요. '와인은 뭐가 있
나요?' '고기 요리는 뭐가 있나요?' '디저트는 뭐가 있나요?' 내가 직접 고른 메뉴보
다 점원에게 추천받은 요리가 더욱더 맛있을 가능성이 크답니다.
'뭐가 있나요?'는 'なにが ありますか'입니다.

ランチメニュー、おすすめは なにが ありますか。
런치 메뉴, 추천은 뭐가 있나요?

Aセットが おすすめです。
A 세트가 추천입니다.

오늘의 단어

ランチメニュー 런치 메뉴 | おすすめ 추천 | Aセット A 세트

🔊 표현을 듣고 반복해서 따라 해 보세요.

- **ランチは なにが ありますか。** 런치는 뭐가 있나요?
  ☺ 반복 횟수 チェック！ ☑☐☐☐☐☐

- **めんりょうりは なにが ありますか。** 면 요리는 뭐가 있나요?
  ☺ 반복 횟수 チェック！ ☑☐☐☐☐☐

 밑줄 친 부분을 주어진 단어로 바꿔 말해 보세요.

예 **おすすめ** 추천(요리)

➡ <u>おすすめ</u>は なにが ありますか。
  추천(요리)은 뭐가 있나요?

① にく りょうり　　고기 요리

② やさい りょうり　　채소 요리

③ ちゅうか りょうり　중국요리(중화요리)

😃 **몰랐어요!**

일본의 '음식점을 찾기 위한 키워드'는?

- 고기 요리 肉料理 (にくりょうり)
- 생선 요리 魚料理 (さかなりょうり)
- 찌개 요리 鍋料理 (なべりょうり)
- 퓨전 요리 創作料理 (そうさくりょうり)

- 채소 요리 野菜料理 (やさいりょうり)
- 해산물 요리 海鮮料理 (かいせんりょうり)
- 국물 요리 スープ料理 (りょうり)

こぜには あります。

코 제 니 와 아 리 마 스

잔돈은 있어요.

일본은 동전 사용량이 많습니다. 그래서 중년 남성도 앙증맞은 작은 동전 지갑을 가지고 다니는 경우가 많습니다.

물건을 살 때, '잔돈 있어요'라고 말해 보세요. 예를 들어, 1,300엔의 옷을 살 때 만 엔짜리 지폐를 내면서, '잔돈 300엔 있어요'라고 말이죠. 저는 '잔돈 있어요'라고 외친 후에 종종 잔돈이 부족해서, 다시 '그냥 만 엔으로 계산해 주세요'라고 말할 때도 있답니다.

こぜには ございますか。

잔돈은 있으신가요?

はい! こぜには たくさん あります。

네! 잔돈은 많이 있어요.

오늘의 단어

こぜに 잔돈 | ございますか 있으신가요?(정중한 표현) | たくさん 많이

표현을 듣고 반복해서 따라 해 보세요.

- **こぜには あります。** 잔돈은 있어요.
  ☺ 반복 횟수 チェック！ ☑☐☐☐☐☐

- **じかんは あります。** 시간은 있어요.
  ☺ 반복 횟수 チェック！ ☑☐☐☐☐☐

🎙 밑줄 친 부분을 주어진 단어로 바꿔 말해 보세요.

예 **パスポート** 여권
→ **パスポート**は あります。 여권은 있어요.

① **にもつ** 짐 ② **げんきん** 현금

③ **チケット** 티켓 ④ **ほしい もの** 갖고 싶은 것

⑤ **よてい** 스케줄 ⑥ **これから よてい** 앞으로 스케줄

😃 **몰랐어요!**

일본어로 '양을 나타내는' 표현은?

- 많이 있어요.   たくさん あります。
- 꽤 있어요.   けっこう あります。
- 조금 있어요.   すこし あります。
- 좀 있어요.   ちょっと あります。
- 딱 알맞게(딱 마침) 있어요. ちょうど あります。
- ＊ 한국 사람이 좋아하는 'いっぱい(잔뜩)'는 정해진 장소 또는 정해진 용기 안에서 가득 넘칠 때만 사용

Day 40

あちらに あります。
아 치 라 니 　 아 리 마 스

저쪽에 있어요.

요즘은 인터넷 지도를 보며 여행을 자주 다니곤 하지요. 하지만, 건물 안으로 들어간 후 지도에는 없는 화장실이나 다 먹은 접시를 반납하는 곳을 찾을 때는 일본어로 직접 물어볼 수밖에 없을 겁니다. 또, 물어본다고 하더라도 대답을 알아듣지 못한다면, 물어보는 의미가 없지요. 만약 위치 표현을 함께 외워 두신다면, 신이 나서 자꾸자꾸 물어보고 싶어질 겁니다.

> すみません。
> トレイの へんきゃくぐちは どこに ありますか。
> 저기요. 쟁반 반납하는 곳은 어디에 있나요?

> へんきゃくぐちは こちらに あります。
> それから うえの かいにも あります。それから
> したの かいにも あります。たくさん あります。
> 반납하는 곳은 이쪽에 있어요. 그리고, 위층에도 있고요.
> 그리고 아래층에도 있어요. 많이 있어요.

오늘의 단어

すみません 저기요 | **トレイの へんきゃくぐち** 쟁반 반납하는 곳 | **どこ** 어디 | **こちら** 이쪽 |
それから 그리고 | **うえの かい** 위층 | **したの かい** 아래층 | **たくさん** 많이

표현을 듣고 반복해서 따라 해 보세요.

- **カウンターは したの かいに あります。**

  카운터(데스크)는 아래층에 있어요.

  ☺ **반복 횟수 チェック！** ☑☐☐☐☐☐

- **みせは うえの かいに あります。** 가게는 위층에 있어요.

  ☺ **반복 횟수 チェック！** ☑☐☐☐☐☐

밑줄 친 부분을 주어진 단어로 바꿔 말해 보세요.

예 へんきゃくぐち / あちら 반납하는 곳 / 저쪽

⇒ **へんきゃくぐちは あちらに あります。**

반납하는 곳은 저쪽에 있어요.

1 はなや / となり 꽃집 / 옆

2 デパート / むかい 백화점 / 건너편

3 ホテル / ちかく 호텔 / 근처

😝 몰랐어요!

일본어로 '위치' 표현은?

위	앞	옆	오른쪽	안	건너편
うえ	まえ	となり	みぎ	なか	むかい
아래	뒤	근처	왼쪽	밖	사이
した	うしろ	ちかく	ひだり	そと	あいだ

안에 알맞은 표현을 넣어 보세요.

1 고양이랑 <u>안 맞아요</u>.

ねこが　　　　　　　　　。

2 자신 없는 운동인가요?

　　　　　　　うんどうですか。

3 <u>편의점</u>은 어디예요?

　　　　　　は どこですか。

4 가게 출구는 <u>어디인가요?</u>

みせの でぐち　　　　　　　。

5 버스 정류장은 <u>여기인가요?</u>

バスてい　　　　　　　。

6 지금, <u>만석(자리 없음)</u>인가요?

いま、　　　　　　ですか。

7 <u>흡연석</u>은 있나요?

　　　　　　は ありますか。

8 추천(요리)은 <u>뭐가 있나요?</u>

おすすめは　　　　　　　。

9 <u>잔돈</u>은 있어요.

こぜに　　　　　　　。

10 <u>반납하는 곳</u>은 저쪽에 있어요.

　　　　　は　　　　　に あります。

(일본의 수많은) 활동들

~かつ

カ　츠

~활동

일본에서는 '취업 준비'를 '취직 활동'이라고 합니다. '취직－就職(しゅうしょく)' + '활동－活動(かつどう)'을 줄여서 '就活(しゅうかつ)'. 참고로 '취준생'은 '就活中(しゅうかつちゅう)'입니다. 한 번쯤 취업을 준비해 본 일본인이라면 누구나 다 사용해 보았을 단어인데요. 그 이후로, 다양한 표현 뒤에 '활동'의 의미인 '活[카츠]'를 붙이기 시작했어요.

- **婚活** ➡ **結婚活動**
  결혼 활동(결혼 준비 중)

- **妊活** ➡ **妊娠活動**
  임신 활동(임신을 위한 준비 중)

- **ソー活** ➡ **ソーシャルネットワーク就職活動**
  소셜네트워크 취직 활동(SNS로 하는 취업 준비 중)

- **転活** ➡ **転職活動**
  전직 활동(이직 준비 중)

- **終活** ➡ **終了活動**
  종료 활동(자신이 죽을 때를 대비해서 장례식, 유언, 재산상속 등 주변을 정리하는 활동)

コップが ありません。
콥 뿌 가 아 리 마 셈

컵이 없어요.

앞에서 '있어요(あります)'를 공부했다면, 이번에는 '없어요(ありません)'를 공부
할 차례이지요. 맛있는 음식은 나왔지만, 컵과 젓가락이 없다면 외쳐 보세요. '컵이
없는데요.' '젓가락이 없는데요.'
단, 'あります/ありません'은 무생물과 식물의 경우에만 사용합니다.

すみません。おはしが ありません。
저기요. 젓가락이 없는데요.

オー! NO! ここは イタリアです。
오우~! 노우! 여기는 이탈리아예요.

すみません 저기요 | **おはし** 젓가락(미화 표현) | **ここ** 여기, 이곳 | **イタリア** 이탈리아

🔊 표현을 듣고 반복해서 따라 해 보세요.

- **コップが ありません。** 컵이 없어요.
  ☺ 반복 횟수 チェック！ ☑☐☐☐☐☐

- **じかんが ありません。** 시간이 없어요.
  ☺ 반복 횟수 チェック！ ☑☐☐☐☐☐

🎤 밑줄 친 부분을 주어진 단어로 바꿔 말해 보세요.

예 **にもつ** 짐

➡ <u>にもつ</u>が ありません。 짐이 없어요.

① **はし** 젓가락　　　　② **わりばし** 나무젓가락

③ **ざいこ** 재고　　　　④ **いまは ざいこ** 지금은 재고

⑤ **よてい** 스케줄　　　　⑥ **いまは よてい** 지금은 스케줄

😀 **몰랐어요!**

식당에서 꼭 필요한 단어들은?

- 물수건 おしぼり　　　・ 휴지 ティッシュ　　　・ 앞치마 エプロン
- 종이컵 かみコップ　　・ 병따개 せんぬき　　　・ 맥주 컵 ビールグラス
- 접시 (お)さら　　　　・ 앞접시 とりざら　　　・ 젓가락 (お)はし
- 수저 スプーン　　　　・ 국자 おたま　　　　・ 소스 タレ

Day 42

へやに タオルが
헤 야 니 타 오 루 가
ありません。
아 리 마 셈

방에 수건이 없어요.

일본에서 자동차를 렌트하고 나니 내비게이션이 없네요. 호텔에 도착했는데 주차장을 못 찾겠어요. 호텔방에 들어왔는데 방에 수건까지 없다니···. 그냥 '올해는 삼재라서 그래~'라며, 참고 넘기실 건가요? 아니죠~!
'차에 내비게이션이 없는데요!' '주차장이 없는데요!' '방에 수건이 없는데요!'라고 당당하게 말하는 것만으로도, 즐거운 여행을 할 수 있어요.

へやに タオルが ありません。
방에 수건이 없는데요.

バスルームの たなに タオルが ありませんか。
すぐ おもちします。
욕실 선반에 수건이 없습니까? 바로 가져다드리겠습니다.

오늘의 단어

へや 방 ｜ ～に ~에 ｜ タオル 타월, 수건 ｜ バスルーム 욕실 ｜ たな (욕실의) 선반 ｜ すぐ 바로, 곧 ｜
おもちします 가져다드리겠습니다(겸양 표현)

🔊 표현을 듣고 반복해서 따라 해 보세요.

- **へやに タオルが ありません。** 방에 수건이 없어요.
  😊 반복 횟수 チェック！ ☑☐☐☐☐☐

- **ここに さがし ものが ありません。** 여기에 찾는 물건이 없어요.
  😊 반복 횟수 チェック！ ☑☐☐☐☐☐

 밑줄 친 부분을 주어진 단어로 바꿔 말해 보세요.

예 **トイレ / トイレットペーパー** 화장실 / 화장실 휴지

→ **トイレに トイレットペーパーが ありません。**

화장실에 휴지가 없어요.

① **くるま / カーナビ**　　　　자동차 / 내비게이션

② **ホテル / ちゅうしゃじょう**　호텔 / 주차장

③ **バスルーム / バスタブの せん**　욕실 / 욕조 마개

😀 **몰랐어요!**

호텔이면 꼭 있는 물품들은?

- 비누 **せっけん**
- 수건 **タオル**
- (큰) 수건 **バスタオル**
- 칫솔 **はブラシ**
- 치약 **はみがきこ**
- 면도기 **かみそり**
- 빗 **くし**
- 음료수 **のみもの**
- 슬리퍼 **スリッパ**
- 샴푸 **シャンプー**
- 린스 **リンス**
- 드라이어 **ドライヤー**
- 이불 **ふとん**
- 베게 **まくら**
- 침대 추가 **エキストラベッド**

Day 43

むすこが います。
무 스 코 가 이 마 스

아들이 있어요.

어색한 사이에서 할 말이 없을 때, 가족이나 형제 이야기처럼 좋은 소재는 없습니다. 일본에서는 자신의 가족과 남의 가족을 나타내는 표현이 다릅니다. 남의 가족을 나타낼 때는 정중한 표현을 사용해 주세요. '있어요'는 'います'입니다.
단, 'います'는 '사람과 동물'의 경우에만 사용합니다.

わたしは あにと いもうとが います。
スジンさんは きょうだいが いますか。
저는 오빠와 여동생이 있어요. 수진 씨는 형제가 있나요?

わたしは ひとりっこですが、ねこが いっぴき います。
저는 외동이지만, 고양이가 한 마리 있어요.

오늘의 단어

わたし 나, 저 | 〜は ~은, ~는 | あに (자신의) 오빠, 형 | 〜と ~와, ~과 | いもうと (자신의) 여동생 |
きょうだい 형제 | ひとりっこ 외동 | 〜ですが ~입니다만, ~지만 | ねこ 고양이 | いっぴき 한 마리

🔊 표현을 듣고 반복해서 따라 해 보세요.

• **むすこが います。** 아들이 있어요.
  😊 반복 횟수 チェック！ ☑ ☐ ☐ ☐ ☐ ☐

• **むすめが います。** 딸이 있어요.
  😊 반복 횟수 チェック！ ☑ ☐ ☐ ☐ ☐ ☐

🎤 밑줄 친 부분을 주어진 단어로 바꿔 말해 보세요.

예 **りょうしん** 부모님

➡ <u>**りょうしん**</u>が います。 <u>부모님</u>이 있어요.

① **あに** 형, 오빠　　　② **あね** 언니, 누나

③ **おとうと** 남동생　　④ **いもうと** 여동생

⑤ **つま** 부인　　　　　⑥ **おっと** 남편

 몰랐어요!

일본어로 '남의 가족'을 나타내는 표현은?

부모님	형님	누님	남동생분	여동생분
ご両親 りょうしん	お兄さん にい	お姉さん ねえ	弟さん おとうと	妹さん いもうと
남편분	부인분	아드님	따님	가족분
ご主人 しゅじん	奥さん おく	息子さん むすこ	娘さん むすめ	ご家族 かぞく

Day 44

いえに とりが います。
이 에 니 토 리 가 이 마 스

집에 새가 있어요.

집에 가면 누가 당신을 기다리고 있나요? 가족? 개? 고양이? 아무도 없다면, 얼른 이 책을 꺼내 들고, 외로움을 잊어보세요.
장소의 조사 '~에'는 '〜に'입니다. 참고로 '동물'은 '動物[도오부쯔]'이지만, '반려동물'은 'ペット[펫토]'라고 합니다.

いえに だれが いますか。
집에 누가 있나요?

わたしと ごひきの いぬが います。
わたしの いえじゃ なくて、いぬごやです。
저랑 다섯 마리의 개가 있어요. 우리 집이 아니라 개집이에요.

오늘의 단어

いえ 집 | だれ 누구 | わたし 나, 저 | 〜と ~와, ~과 | ごひき 5마리 | 〜の ~의 | いぬ 개 | いぬごや 개집

표현을 듣고 반복해서 따라 해 보세요.

- **いえに とりが います。** 집에 새가 있어요.
  ☺ **반복 횟수 チェック!** ☑☐☐☐☐☐

- **にほんに きょうだいが います。** 일본에 형제가 있어요.
  ☺ **반복 횟수 チェック!** ☑☐☐☐☐☐

밑줄 친 부분을 주어진 단어로 바꿔 말해 보세요.

예 なか / こいびと 안 / 애인

   → **<u>なか</u>に <u>こいびと</u>が います。** 안에 애인이 있어요.

① **こうえん / うさぎ**   공원 / 토끼

② **あそこ / にひきの いぬ** 저쪽 / 2마리의 개

③ **ここ / うちの むすめ**   여기 / 우리 딸

😀 **몰랐어요!**

일본어로 '동물'을 세는 표현은?

1마리	2마리	3마리	4마리	5마리
いっぴき	にひき	さんびき	よんひき	ごひき
6마리	7마리	8마리	9마리	10마리
ろっぴき	ななひき	はっぴき	きゅうひき	じゅっぴき

だれも いません。

다　레　모　이　마　셈

아무도 없어요.

손님이 아무도 없는 카페에 가면, 여러분은 어떤 기분을 느끼나요? 저는 카페를 통째로 전세 낸 듯한 기분이 들면서 굉장히 신이 납니다. 음악을 들으며 둠칫둠칫 어깨도 흔들어 봅니다.

'없어요'는 'いません'입니다. 단, 'いません'은 '사람과 동물'의 경우에만 사용합니다.

すみません。ひとめぼれ しました。
かれしは いますか。
저기요. 첫눈에 반했어요. 남자 친구 는 있나요?

かれしは いませんけど、
いっさいの むすこが います。
남자 친구 는 없는데, 한 살(배기) 아들 이 있어요.

오늘의 단어

すみません 저기요 | ひとめぼれ 첫눈에 반함 | しました 했어요 | かれし 남자 친구 |
～は ~은, ~는 | いますか 있습니까? | ～けど ~지만, ~인데 | いっさい 1살 | むすこ 아들

🔊 표현을 듣고 반복해서 따라 해 보세요.

- **だれも いません。** 아무도 없어요.
  😊 반복 횟수 チェック！ ☑ ☐ ☐ ☐ ☐ ☐

- **ひとりも いません。** 한 명도 없어요.
  😊 반복 횟수 チェック！ ☑ ☐ ☐ ☐ ☐ ☐

 밑줄 친 부분을 주어진 단어로 바꿔 말해 보세요.

예 **かれしは** 남자 친구는

➜ **かれしは いません。** 남자 친구는 없어요.

① **いまは** 지금은　　② **しばらくは** 당분간은
③ **むすこは** 아들은　　④ **いっさいの むすこは** 한 살(배기) 아들은
⑤ **あなたしか** 당신밖에　　⑥ **ひとりしか** 한 명밖에

😃 **몰랐어요!**

일본어로 '나이'를 나타내는 표현은?

1살	2살	3살	4살	5살
いっさい	にさい	さんさい	よんさい	ごさい
6살	7살	8살	9살	10살
ろくさい	ななさい	はっさい	きゅうさい	じゅっさい

Day 46

なかに だれも
나 카 니 다 레 모

いません。
이 마 셈

안에 아무도 없어요.

화장실 밖에서 아무리 기다려도 사람이 나오지 않을 때, '안에 아무도 없나요?'라고 외쳐 본 적은 없나요? 이럴 때 유용하게 사용할 수 있는 표현입니다. 단, 사람의 인기척이 느껴지는데도 계속 사용한다면, 화장실 안에 있는 사람은 매우 매우 부담스러울 수 있습니다.
장소의 조사 '~에'는 '〜に'입니다.

すみません。トイレの なかに だれも いませんか。
저기요. 화장실 안에 아무도 없나요?

い、い、いますから、し、し、しずかに。
이, 이, 있으니까, 조, 조, 조용히 좀.

오늘의 단어

すみません 저기요 | **トイレ** 화장실 | **〜の** ~의 | **なか** 안 | **だれも** 아무도 | **いますから** 있으니까 | **しずかに** 조용히

표현을 듣고 반복해서 따라 해 보세요.

- **なかに だれも いません。** 안에 아무도 없어요.
  ☺ 반복 횟수 チェック！☑☐☐☐☐☐

- **みせに てんいんが いません。** 가게에 점원이 없어요.
  ☺ 반복 횟수 チェック！☑☐☐☐☐☐

밑줄 친 부분을 주어진 단어로 바꿔 말해 보세요.

예 いえ / いぬ 집 / 개

→ <u>いえ</u>に <u>いぬ</u>が いません。 집에 개가 없어요.

① カフェ / きゃく 　　카페 / 손님

② ぎんこう / ひと 　　은행 / 사람

③ テーマパーク / こども 　테마파크 / 아이

😊 **몰랐어요!**

일본어로 '개'를 나타내는 표현은?

- いぬ 개　　　　　　　　　・こいぬ 강아지
- ワンちゃん 멍멍이　　　　・あいけん 애견
- ペット 반려동물

Day 47

どんな ひとですか。
돈 나 히 또 데 스 까

어떤 사람인가요?

지인이 깜짝 결혼 발표를 하면, 우린 제일 먼저 '어떤 사람이랑 결혼할까?' 궁금해하지요. 결혼할 사람은 '어떤 사람이에요?' 하지만 이 질문에는 거의 대부분 비슷한 대답이 돌아오기도 합니다. 'きれいで やさしい ひとです。(예쁘고 착한 사람이에요.)'
'어떤'은 'どんな'입니다.

> わたしは どんな ひとですか。
> 저는 어떤 사람인가요?

> えっ？ い…い ひと…です。
> 네에? 좋…은 사람…이에요.

오늘의 단어

わたし 나, 저 ｜ ～は ~은, ~는 ｜ ひと 사람 ｜ いいひと 좋은 사람

🔊 표현을 듣고 반복해서 따라 해 보세요.

- **どんな ひとですか。** 어떤 사람인가요?
  😊 반복 횟수 チェック！ ☑☐☐☐☐☐

- **どんな ものですか。** 어떤 물건인가요?
  😊 반복 횟수 チェック！ ☑☐☐☐☐☐

🎤 밑줄 친 부분을 주어진 단어로 바꿔 말해 보세요.

예 **あした / ひ** 내일 / 날

→ <u>あした</u>は どんな <u>ひ</u>ですか。 내일은 어떤 날인가요?

① **よこはま / ところ** 　요코하마(일본 지명) / 곳

② **ここ / ホテル** 　여기 / 호텔

③ **すずきさん / ともだち** 　스즈키 씨 / 친구

④ **この えいが / ないよう** 　이 영화 / 내용

 몰랐어요!

8月11日は 'どんな日(어떤 날)'?

8월 11일은 일본의 山の日(산의 날)입니다.

숫자 8은 한자로 八(산 모양)이며, 숫자 11은 나무 2그루가 서 있는 모양과 비슷하여
'산의 날'이 되었다고 합니다.

どんな はなしが
돈　나　하나시　가

いいですか。
이　-　데　스　까

어떤 이야기가 좋아요?

여러분은 어떤 이야기를 할 때 가장 신이 납니까? 연애 이야기? 취업 이야기? 육아 이야기? 재테크 이야기? 어떤 테마로 이야기하냐에 따라 우리를 수다쟁이로 만들기도 하고, 우리를 과묵하게 만들기도 합니다.
'어떤 ~이(가) 좋아요?'는 'どんな ～が いいですか'입니다.

ほっかいどうは どんな りょこうが いいですか。
북해도는 어떤 여행이 좋아요?

スイーツめぐりが いいです。ほっかいどうは てんごくです。スイーツ てんごく!
디저트 여행이 좋아요. 북해도는 천국이에요. 디저트 천국!

오늘의 단어

ほっかいどう 북해도, 홋카이도(일본 지명) | りょこう 여행 |
スイーツめぐり 디저트를 먹으며 돌아다니는 여행 | てんごく 천국

🔊 표현을 듣고 반복해서 따라 해 보세요.

- **どんな はなしが いいですか。** 어떤 이야기가 좋아요?

  😊 반복 횟수 チェック！ ☑☐☐☐☐☐

- **どんな スイーツが いいですか。** 어떤 디저트(달콤한 것)가 좋아요?

  😊 반복 횟수 チェック！ ☑☐☐☐☐☐

🎤 밑줄 친 부분을 주어진 단어로 바꿔 말해 보세요.

예 **かんじ** 느낌

➡ どんな <u>かんじ</u>が いいですか。 어떤 <u>느낌</u>이 좋아요?

① **スタイル** 스타일　　　② **ところ** 곳

③ **しごと** 일　　　④ **であい** 만남

⑤ **れんあい** 연애　　　⑥ **けっこんしき** 결혼식

 몰랐어요!

'スイーツ 천국'인 일본?

'スイーツ'는 영어 'sweets'의 일본식 발음으로, 과자, 케이크, 아이스크림 등의 달콤한 디저트를 말합니다.

- スイーツ巡り　　맛있는 디저트를 먹으며 돌아다니는 것
- スイーツ食べ放題　디저트 뷔페(시간 제한)
- スイーツバイキング　디저트 뷔페

Day 49

かしゅ みたいですね。
카 슈 미 타 이 데 스 네

가수 같아요.

노래 잘하는 친구를 보면 여러분은 무엇에 비유하나요? '가수 같아요!'
춤까지 잘 추는 친구를 보면… '아이돌 같아요!'
오늘따라 자꾸만 실수하는 친구를 보면… '오늘 바보 같아요!'
이런 다양한 비유 표현에서 사용할 수 있는 말이 바로 '〜みたいですね(〜같아요)'입니다.

どうしたんですか。きょう、おばけ みたいですね。
무슨 일 있어요? 오늘 귀신 같아요.

ねぶそくで…。
잠을 못 자서….

오늘의 단어

どうしたんですか 무슨 일 있어요?(평소와는 다른 모습인 사람에게 사용) | きょう 오늘 | おばけ 귀신 |
ねぶそく 잠 부족 | 〜で 〜이고, 〜여서

🔊 표현을 듣고 반복해서 따라 해 보세요.

· **かしゅ みたいですね。** 가수 같아요.
☺반복 횟수 チェック！☑☐☐☐☐☐

· **にんぎょう みたいですね。** 인형 같아요.
☺반복 횟수 チェック！☑☐☐☐☐☐

🎤 밑줄 친 부분을 주어진 단어로 바꿔 말해 보세요.

예 **アイドル** 아이돌

➜ **アイドル みたいですね。** 아이돌 같아요.

① **バカ** 바보　　　　　② **こども** 아이

③ **かんこくじん** 한국인　④ **ぶた** 돼지

⑤ **モデル** 모델　　　　　⑥ **せんせい** 선생님

 몰랐어요!

일본어로 다른 '비유' 표현은? ①

· **〜っぽいですね** ~같네요/~틱 해요

예 **こどもっぽいですね。** 아이 같네요/유아틱 하네요.

アイドルっぽいですね。 아이돌 같네요/아이돌틱 해요.

にほんっぽいですね。 일본 같아요/일본틱 해요.

Day 50

アイドル みたいで、
아 이 도 루　미 타 이 데

すごい。
스　고　이

아이돌 같아서, 굉장해.

영혼 없는 칭찬은 오히려 상대방을 불쾌하게 만들기도 합니다. 노래를 잘하는 친구에게, 그냥 '**すごい**(굉장해)'라고 말하기보다는 비유의 표현을 사용해서 구체적으로 칭찬하면, 상대방은 배로 기뻐할 겁니다. 예를 들어, '굉장해! 굉장해! 굉장해!'라고 여러 번 말하기보다, '가수 같아서, 멋있어' '아이돌 같아서, 굉장해'라고 외쳐보세요. 상대방은 함박웃음을 지으며, 저녁밥을 쏠 겁니다.
'~같아서'는 '〜みたいで'입니다.

むすめさんですか。
にんぎょう みたいで、かわいいですね。
따님이신가요? 인형 같아서 귀엽네요.

あの、むすこですけど…。
저, 아들인데요….

오늘의 단어

むすめさん 따님('딸'의 존경 표현) | にんぎょう 인형 | かわいいです 귀여워요 | あの 저 |
むすこ 아들 | 〜ですけど ~인데요

🔊 표현을 듣고 반복해서 따라 해 보세요.

- **アイドル みたいで、すごい。** 아이돌 같아서, 굉장해.

  ☺ 반복 횟수 チェック！ ☑️☐☐☐☐☐

- **かんこく りょうり みたいで、おいしい。**

  한국 요리 같아서, 맛있어.

  ☺ 반복 횟수 チェック！ ☑️☐☐☐☐☐

 밑줄 친 부분을 주어진 단어로 바꿔 말해 보세요.

예 **にんぎょう / かわいい** 인형 / 귀여워

➡ <u>**にんぎょう**</u> **みたいで、**<u>**かわいい**</u>**。** <u>인형</u> 같아서, <u>귀여워</u>.

① **バカ / おもしろい** 바보 / 재미있어

② **せんせい / こわい** 선생님 / 무서워

③ **こども / いや** 아이 / 싫어

😀 몰랐어요!

일본어로 다른 '비유' 표현은? ②

- **〜の ようですね** ~같습니다(문어체 표현)

  예 **こどもの ようですね。** 아이 같습니다.

  アイドルの ようですね。 아이돌 같습니다.

  せんせいの ようですね。 선생님 같습니다.

안에 알맞은 표현을 넣어 보세요.

1 시간이 <u>없어요</u>.

じかんが 　　　　　　　。

2 여기에 <u>찾는 물건</u>이 없어요.

ここに 　　　　　　　が ありません。

3 아들이 <u>있어요</u>.

むすこが 　　　　　。

4 집<u>에</u> 새가 <u>있어요</u>.

いえ 　　 とりが 　　　　　。

5 한 명<u>도</u> <u>없어요</u>.

ひとり 　　　　　　　　　。

6 <u>가게에</u> 점원이 <u>없어요</u>.

　　　　　　　てんいんが 　　　　　　。

7 요코하마는 <u>어떤 곳인가요?</u>

よこはまは 　　　　　ところ 　　　　。

8 <u>어떤</u> 느낌이 <u>좋아요?</u>

　　　　　かんじが 　　　　　　。

9 가수 <u>같아요</u>.

かしゅ 　　　　　　　。

10 인형 <u>같아서</u>, 귀여워.

にんぎょう 　　　　、かわいい。

---

 ① ありません **②** さがし / もの **③** います **④** に / います **⑤** も / いません **⑥** みせに / いません
⑦ どんな / ですか **⑧** どんな / いいですか **⑨** みたいですね **⑩** みたいで

120 파고다 5분톡 일본어회화: 패턴별 1

가을은 독서의 계절? 식욕의 계절?

あき

마 키

가을

여러분은 '가을' 하면 어떤 단어가 떠오르시나요? 독서의 계절? 식욕의 계절? 일본에서도 가을과 함께 사용하는 단어가 많이 있습니다.

1 食欲の秋 ➜ 식욕의 가을

가을에는 정말 맛있는 음식이 많지요. 제철 음식은 일본어로 뭐라고 할까요?
旬の食べ物라고 합니다. 일본에 가면 제철 식재료를 사용한 음식과 디저트를 즐겨보세요.

2 読書の秋 ➜ 독서의 가을

3 スポーツの秋 ➜ 스포츠의 가을

가을(10월 둘째 주 월요일)에 일본의 공휴일인 '체육의 날'이 있습니다. 또, 가을은 날씨가 선선하여 스포츠를 하기에 좋은 계절이지요.

4 芸術の秋 ➜ 예술의 가을

가을에는 공예, 회화, 조각 등의 예술 작품 전람회가 많이 열립니다.

Day 51

めが いたいんです。

메 가 이 따 인 데 스

눈이 아파요.

병원이나 약국에 가서 '눈이 아파요' '머리가 아파요'라고 말할 수 있으면 좋겠지만, 정확한 부위를 일본어로 모를 경우에는, 아픈 부위를 가리키며 '여기가 아파요'라고 말하면 됩니다.

'여기'는 'ここ'이며, '아파요'는 'いたいんです'입니다. 'いたいんです'는 'いたいです'의 강조 표현입니다.

すみません。こころが いたいんです。
저기요. 마음이 아파요.

はい？むねの ほうじゃ なくて こころの ほうですか。
네? 가슴 쪽이 아니라 마음이요?

오늘의 단어

すみません 저기요 | **こころ** 마음 | **むね** 가슴 | **～の ほう** ~의 쪽 | **～じゃ なくて** ~이(가) 아니라 | **～ですか** ~입니까?

🔊 표현을 듣고 반복해서 따라 해 보세요.

- **めが いたいんです。** 눈이 아파요.
  ☺반복 횟수 チェック！ ☑☐☐☐☐☐

- **あたまが いたいんです。** 머리가 아파요.
  ☺반복 횟수 チェック！ ☑☐☐☐☐☐

 밑줄 친 부분을 주어진 단어로 바꿔 말해 보세요.

예 **みみ** 귀

➡ **みみが いたいんです。** 귀가 아파요.

1 は 이(치아)　　　　**2** のど 목

3 くちの なか 입 안　　**4** ひざ 무릎

5 て 손　　　　　　　**6** あし 발, 다리

😊 몰랐어요!

일본어로 '목' 표현은?

- のど 안의 목(목구멍, 성대)　　・くび 겉의 목

- てくび 손목　　　　　　　　・あしくび 발목

Day 52

すごく いたいんです。

스 고 쿠　이 따　인 데 스

굉장히 아파요.

갑자기 통증을 느끼거나, 오랫동안 통증을 느꼈을 때는 구체적으로 그 상황을 전달해야만 정확한 진단도 가능할 겁니다.
'요즘' '어젯밤부터' '계속' 등의 표현과 함께 연습해 봅시다. 참고로 '통증'은 'いたみ[이타미]'입니다.

ゆうべ、アイスクリームを たべすぎてから、
おなかが いたいんです。
어젯밤에 아이스크림을 너무 많이 먹고 나서부터 배가 아파요.

おなかを こわしましたね。
배탈 났군요.

오늘의 단어

ゆうべ 어젯밤 ｜ アイスクリーム 아이스크림 ｜ ～を ~을, ~를 ｜
たべすぎてから 너무 많이 먹고 나서부터 ｜ おなか 배 ｜ おなかを こわしました 배탈 났어요

🔊 표현을 듣고 반복해서 따라 해 보세요.

- **むねが すごく いたいんです。** 가슴이 굉장히 아파요.
  ☺ 반복 횟수 チェック！ ☑️☐☐☐☐☐

- **この へんが すごく いたいんです。** 이 주변이 굉장히 아파요.
  ☺ 반복 횟수 チェック！ ☑️☐☐☐☐☐

 밑줄 친 부분을 주어진 단어로 바꿔 말해 보세요.

예 **こし / きのうから** 허리 / 어제부터

➡ **こしが きのうから いたいんです。**

　　허리가 어제부터 아파요.

1 **おなか / ゆうべから** 배 / 어젯밤부터
2 **かた / さいきん** 어깨 / 요즘
3 **い / ずっと** 위 / 계속

😀 **몰랐어요!**

일본어로 '薬(약)'은?

- 鎮痛剤(ちんつうざい) 진통제
- 目薬(めぐすり) 안약
- 軟膏(なんこう) 연고

- 解熱剤(げねつざい) 해열제
- 下痢止め(げりどめ) 설사약
- 湿布(しっぷ) 파스

- 風邪薬(かぜぐすり) 감기약
- 酔い止め薬(よいどめぐすり) 멀미약
- 塗り薬(ぬりぐすり) 바르는 약

たいへんですね。

타 이 헨 데 스 네

힘들겠어요. / 큰일이에요.

상대방이 자신의 힘든 이야기를 할 때, 한국 사람들은 거의 대부분 '그렇구나~!' '그러세요~?'라고 진심을 담아 맞장구를 쳐줍니다.

하지만, '그렇군요'의 'そうですね'만 계속 사용하면, 일본 사람 입장에서는 '그냥 내 말에 형식적으로 대답하는구나'라는 인상을 받을 수 있습니다. 일본에서는 이런 경우 '힘드시겠어요' '큰일이네요'라는 맞장구의 표현을 자주 사용합니다.

'힘들겠네요/큰일이에요'는 'たいへんですね'입니다.

うんてん、たいへんですね。

운전, 힘드시겠어요.

だいじょうぶです。
ぜんぜん たいへんじゃ ないですよ。

괜찮아요. 전혀 힘들지 않은데요.

오늘의 단어

うんてん 운전 | だいじょうぶです 괜찮아요 | ぜんぜん 전혀 | 〜じゃ ないですよ ~하지 않은데요

표현을 듣고 반복해서 따라 해 보세요.

・ **ダイエットは たいへんですね。** 다이어트는 힘들겠네요.
😊 반복 횟수 チェック！ ☑☐☐☐☐☐

・ **それは たいへんですね。** 그것참 큰일이네요.
😊 반복 횟수 チェック！ ☑☐☐☐☐☐

🎤 밑줄 친 부분을 주어진 단어로 바꿔 말해 보세요.

예 **おしごと** 일(존경 표현)

➡ <u>おしごと</u>**は たいへんですね。** 일은 힘드시겠어요.

① **べんきょう** 공부　　② **じゅけん べんきょう** 수험 공부

③ **れんあい** 연애　　④ **しゃない れんあい** 사내 연애

⑤ **がまん** 참는 것　　⑥ **おやつの がまん** 간식 참는 것

😀 **몰랐어요!**

일본어로 '힘들겠네요'와 같은 위로의 맞장구 표현은?

・ **大変ですね。** 힘들겠네요. 큰일이네요.
　 たいへん
・ **残念ですね。** 안타깝네요. 유감이네요. ＊단, 도전에 대한 실패에 주로 사용
　 ざんねん
・ **辛いですね。** 힘들겠네요. 괴롭겠네요.
　 つら

たいへんでしたね。

타 이 헨 데 시 따 네

힘들었겠네요. / 큰일이었어요.

이번에는 '힘들겠네요'의 과거형 버전을 살펴볼까요.
상대의 노력과 수고를 치하할 때도 사용하며, 입원이나 재난, 장례식 등 힘든 일을
겪은 사람을 위로하는 데에도 많이 사용합니다.
'힘들었겠네요/큰일이었어요'는 'たいへんでしたね'입니다. 참고로 '그것참 힘들
었겠네요'는 'それは たいへんでしたね'라고 합니다.

きのうは ざんぎょうで たいへんでしたね。
어제는 야근으로 힘들었지요.

じつは きのう、わたしの たんじょうびでした。
실은 어제, 내 생일이었어요.

오늘의 단어

きのう 어제 | 〜は ~은, ~는 | ざんぎょうで 야근으로 | じつは 실은 | わたし 나, 저 | 〜の ~의 |
たんじょうび 생일 | 〜でした ~였어요

🔊 표현을 듣고 반복해서 따라 해 보세요.

- **ひっこし、たいへんでしたね。** 이사, 힘들었겠어요.
  ☺반복 횟수 チェック！ ☑⬜⬜⬜⬜⬜

- **いろいろと たいへんでしたね。** 여러 가지로 큰일이었네요.
  ☺반복 횟수 チェック！ ☑⬜⬜⬜⬜⬜

🎤 밑줄 친 부분을 주어진 단어로 바꿔 말해 보세요.

예 **ざんぎょう** 잔업(야근)
  ➡ **ざんぎょう、たいへんでしたね。** 야근, 힘들었겠어요.

① **おそうしき** 장례식
② **たいふう** 태풍
③ **おおゆき** 대설

 몰랐어요!

'たいへんでしたね'와 함께 자주 사용하는 표현은?

예 **いろいろと たいへんでしたね。** 여러 가지로 힘들었겠네요.
  このまえは たいへんでしたね。 이전에는 힘들었지요.
  いままで たいへんでしたね。 지금까지 힘들었지요.
  あさから ばんまで たいへんでしたね。 아침부터 밤까지 큰일이었어요.

Day 55

セールは いつですか。

세 - 르 와 이 쯔 데 스 까

세일은 언제인가요?

일본에는 연중 할인행사를 한다고 해도 과언이 아닐 정도로 세일이 많습니다. '새해 첫 세일' '봄 세일' '타임 서비스' '연말 세일' '점심 할인' '쿠폰 할인' 등등. 일본에서 꼭 사고 싶었던 물건이 있다면, 세일 기간이나 할인 시간을 체크해 보는 것도 좋겠지요.

'~은(는) 언제인가요?'는 '〜は いつですか'입니다.

セールは いつですか。
세일은 언제인가요?

あしたからです。
ぜんぴん はんがくセールで おとくです。
내일부터입니다. 전품 50% 할인으로 이득(훨씬 저렴)이십니다.

오늘의 단어

セール 세일 ┃ あした 내일 ┃ 〜から ~부터 ┃ ぜんぴん 전품(모든 상품) ┃
はんがくセール 반액(50%) 세일 ┃ おとく 이득

🔊 표현을 듣고 반복해서 따라 해 보세요.

- **セールは いつですか。** 세일은 언제인가요?
  😊 反復 횟수 チェック！ ☑☐☐☐☐☐

- **コンサートは いつですか。** 콘서트는 언제인가요?
  😊 反復 횟수 チェック！ ☑☐☐☐☐☐

🎤 밑줄 친 부분을 주어진 단어로 바꿔 말해 보세요.

 たべごろ 먹기 적당한 시기

➡ **たべごろは いつですか。** 먹기 적당한 시기는 언제인가요?

① **しあい** 시합

② **そうべつかい** 송별회

③ **そつぎょう** 졸업

④ **そつぎょうしき** 졸업식

⑤ **にゅうがくしき** 입학식

⑥ **けっこんしき** 결혼식

 몰랐어요!

일본어로 '할인'을 나타내는 표현은?

- 30%**割引** = 3**割引** 30% 할인
- 100**円引** 100엔 할인
- **半額セール** 반액 세일(50% 할인)
- **お得** 이득(할인 상품에 표시)

Day 56

いつごろ でるんですか。
이 쯔 고 로 데 룬 데 스 까

언제쯤 나오나요?

일본에도 '불금'이 있습니다. 우리는 '불타는 금요일'이라고 하지만, 일본에서는 '꽃(はな)같은 금(きん)'이라고 해서 '하나킹'이라 부릅니다. '하나킹'은 어디에 가도 사람이 많지요. 이때 점원에게 '빈자리는 언제 나올까요?'라고 외쳐 보세요. '언제쯤 나오나요?'는 'いつごろ でるんですか'입니다.

> おきゃくさま、ただいま まんせきですが。
> 손님, 지금 만석입니다만.

> さんにんですが、くうせきは いつごろ でるんですか。
> 세 사람인데요, 빈자리는 언제쯤 나오나요?

오늘의 단어

おきゃくさま 손님 ┃ ただいま 지금(정중한 표현) ┃ まんせき 만석 ┃ ～ですが ~입니다만 ┃
さんにん 3명 ┃ くうせき 공석(빈자리)

🔊 표현을 듣고 반복해서 따라 해 보세요.

• **くうせきは いつごろ でるんですか。** 빈자리는 언제쯤 나오나요?
☺반복 횟수 チェック！ ☑️⬜⬜⬜⬜⬜

• **ほんは いつごろ でるんですか。** 책은 언제쯤 나오나요?
☺반복 횟수 チェック！ ☑️⬜⬜⬜⬜⬜

 밑줄 친 부분을 주어진 단어로 바꿔 말해 보세요.

예 **しんしょうひん** 신상품
➡ **しんしょうひんは いつごろ でるんですか。**
신상품은 언제쯤 나오나요?

① **のみもの** 음료수
② **たのんだ りょうり** 주문한 요리
③ **たのんだ デザート** 주문한 디저트
④ **やきたての パン** 갓 구운 빵

😀 **몰랐어요!**

일본어로 '자리'를 나타내는 표현은?

• 席 자리
• 空席 빈자리
• 喫煙席 흡연석

• 座席 좌석
• 満席 만석
• 禁煙席 금연석

Day 57

にほんと いえば、すし。
니 혼 또 이 에 바 스 시

일본 하면, 초밥.

여러분은 '일본 여행' 하면 뭐가 제일 먼저 떠오르나요? '일본 여행 하면 온천' '일본 여행 하면 축제' '일본 여행 하면 맛난 음식들' 등등. 많은 것들이 있을 겁니다. 'A 하면 B'는 'Aと いえば B'입니다. 참고로 일본의 수도 '東京(동경)'의 발음은 [도쿄]가 아니라, 장음에 주의하면서 [도오쿄오].

にほんと いえば、とうきょう！
とうきょうの デートコースと いえば、おだいば！
일본 하면, 도쿄! 도쿄의 데이트 코스 하면, 오다이바!

おだいばと いえば、デートコース！
デートと いえば、はずかしー！
오다이바 하면, 데이트 코스! 데이트 하면, 부끄러~!

오늘의 단어

にほん 일본 ｜ とうきょう 동경, 도쿄 ｜ デートコース 데이트 코스 ｜ おだいば 오다이바(도쿄의 지명) ｜
はずかしー 부끄러~(はずかしい: 부끄러워의 준말)

🔊 표현을 듣고 반복해서 따라 해 보세요.

· **にほんと いえば、すしです。** 일본 하면, 초밥이에요.
  ☺ 반복 횟수 チェック！ ☑☐☐☐☐☐

· **しずおかと いえば、おちゃです。** 시즈오카 하면, 녹차예요.
  ☺ 반복 횟수 チェック！ ☑☐☐☐☐☐

🎙 밑줄 친 부분을 주어진 단어로 바꿔 말해 보세요.

（예） **さっぽろ / ゆきまつり** 삿포로(북해도 지역) / 눈꽃 축제

➡ <u>さっぽろ</u>と いえば、<u>ゆきまつり</u>です。

  <u>삿포로</u> 하면, <u>눈꽃 축제</u>예요.

① **おおさか / おおさかじょう** 오사카(관서 지역) / 오사카성

② **きょうと / きんかくじ** 교토(일본의 옛 수도) / 금각사

③ **はかた / ラーメン** 하카타(규슈 지역) / 라멘

④ **おきなわ / しゅりじょう** 오키나와(일본 최남단의 섬) / 수리성

😊 **몰랐어요!**

'といえば'가 들어가는 일본 속담은?

· **右と言えば、左。** (직역: 오른쪽 하면, 왼쪽.)

  무조건 남의 의견에 반대만 하는 사람.

はると いえば、いちご。

하 루 또 이 에 바 이 치 고

봄 하면, 딸기.

여러분은 제철 음식을 먹으며, 사계절을 즐기고 있나요? 봄 하면 떠오르는 음식과 행사, 꽃, 사람, 노래. 모두 일본어로 말해 보세요.

'~을(를) 떠올려요/~이(가) 떠올라요'는 '〜を おもいだします'입니다. 참고로 'おもい'는 '생각', 'だします'는 '꺼냅니다'라는 의미입니다.

＊생각을 꺼냅니다 = 떠올라요

はると いえば、いつも この うたを おもいだします。
봄 하면, 항상 이 노래가 떠올라요.

そうですね。また この うたと いえば、
はるを おもいだしますね。
맞아요. 또 이 노래 하면 봄이 떠올라요.

오늘의 단어

はる 봄 ｜ いつも 항상, 언제나 ｜ この うた 이 노래 ｜

〜を おもいだします ~을(를) 떠올려요, ~이(가) 떠올라요 ｜ そうですね 맞아요, 그렇네요 ｜ また 또

🔊 표현을 듣고 반복해서 따라 해 보세요.

・はると いえば、いちごを おもいだします。

봄 하면, 딸기를 떠올려요.

😊반복 횟수 チェック！ ☑☐☐☐☐☐

・ハロウィンと いえば、かぼちゃを おもいだします。

핼러윈(데이)하면, 호박을 떠올려요.

😊반복 횟수 チェック！ ☑☐☐☐☐☐

🎤 밑줄 친 부분을 주어진 단어로 바꿔 말해 보세요.

(예) なつ / はなび 여름 / 불꽃놀이

➡ なつと いえば、はなびを おもいだします。

여름 하면, 불꽃놀이를 떠올려요.

①あき / まつたけ 가을 / 송이버섯

②ふゆ / こたつ 겨울 / 고타츠(난로가 달린 탁자)

③バレンタインデー / チョコレート 밸런타인데이 / 초콜릿

😊 몰랐어요!

일본어로 '춘하추동' 표현은?

・春 봄 (はる)
・秋 가을 (あき)
・春夏秋冬 춘하추동 (しゅん か しゅう とう)

・夏 여름 (なつ)
・冬 겨울 (ふゆ)

Day 59

あなただけです(か)。
아 나 타 다 케 데 스 까

당신뿐이에요. / 당신만이에요(?)

공항에서 '짐은 이것뿐이에요.', 가게에서 '물건은 그것뿐인가요?', 노래방에서 '한국 노래는 이것뿐인가요?', 내가 '할 수 있는 일본어는 이것뿐이에요.' 등등. 외워두시면 어디에서나 사용할 수 있는 유용한 표현입니다.

'~만(뿐)입니다'는 '〜だけです'입니다.

바로 써먹을 수 있는 유용한 일본어 표현들만 모아놓은 책은 これだけです！

> しょくじは なにに しますか。のみものは？
> 식사는 뭐로 할 거예요? 음료수는?

> なんでも いいです。
> わたしは あなただけで じゅうぶんです。
> 뭐든 다 좋아요. 난 당신뿐이에요.

오늘의 단어

しょくじ 식사 | なにに しますか 무엇으로 할 겁니까? | のみもの 음료수 | なんでも 뭐든지, 뭐라도 | いいです 좋아요 | あなた 당신, 너 | 〜で ~(으)로 | じゅうぶんです 충분해요

📢 표현을 듣고 반복해서 따라 해 보세요.

• **あなただけです。** 당신뿐이에요.
  ☺ 反復 횟수 チェック! ✓▢▢▢▢▢

• **それだけですか。** 그것뿐이에요?
  ☺ 反復 횟수 チェック! ✓▢▢▢▢▢

 밑줄 친 부분을 주어진 단어로 바꿔 말해 보세요.

예 **にもつ / これ** 짐 / 이것

　➡ **にもつは これだけですか。** 짐은 이것뿐이에요?

❶ **バス / これ** 버스 / 이것　　❷ **しゅるい / これ** 종류 / 이것

❸ **のみもの / それ** 음료수 / 그것　❹ **いろ / ひとつ** 색 / 하나

❺ **レンタル / いちにち** 렌털 / 하루

❻ **おかわり / いっかい** 리필 / 한 번

😀 **몰랐어요!**

'**だけ**'의 정중한 표현 '**のみ**'는?

'**のみ**'는 '**だけ**'의 문어체 표현으로 점원들이 주로 사용합니다.

예 **本日のみです。** 오늘 한정입니다.

この メニューは ランチのみです。 이 메뉴는 런치만 해당합니다.

日本語のみです。 일본어뿐입니다.

ちょっとだけ します。

촛 또 다 케 시 마 스

조금만 해요. / 조금만 (더) 할게요.

"ちょっとだけ(조금만 더)!"
개인적으로 학창 시절에 부모님께 가장 많이 했던 말입니다. '게임 조금만 더 할게요.' '조금만 더 잘게요.' '조금만 더! 조금만 더!' 여러분들은 어떤 학창 시절을 보내고 계신가요, 혹은 보내셨나요? 저와 별반 다르지 않으셨다면, 익혀 두셔야 할 표현이군요.
'します'는 '해요/할 거예요/하겠어요' 3가지 버전으로 해석이 가능합니다.

なんじまで ゲームする つもり？
몇 시까지 게임할 생각이야?

ちょっとだけ！ちょっとだけ！あと ちょっとだけ…
します。
조금만 더! 조금만 더! 앞으로 조금만 더… 할게요.

오늘의 단어

なんじまで 몇 시까지 | ゲーム 게임 | する つもり 할 생각이야 | あと 앞으로

🔊 표현을 듣고 반복해서 따라 해 보세요.

・ **ちょっとだけ します。** 조금만 (더) 할게요.
😊 반복 횟수 チェック！ ☑☐☐☐☐☐

・ **あいさつだけ します。** 인사만 해요.
😊 반복 횟수 チェック！ ☑☐☐☐☐☐

🎙 밑줄 친 부분을 주어진 단어로 바꿔 말해 보세요.

 かいぎ / げつようび 회의 / 월요일
→ <u>かいぎ</u>は <u>げつようび</u>だけ します。
　　회의는 월요일만 해요.

❶ **うんどう / すいえい** 운동 / 수영
❷ **べんきょう / どようび** 공부 / 토요일
❸ **ゲーム / このゲーム** 게임 / 이 게임

😀 몰랐어요!

일본어로 '요일' 표현은?

일요일	월요일	화요일	수요일
にちようび	げつようび	かようび	すいようび
목요일	금요일	토요일	무슨 요일
もくようび	きんようび	どようび	なんようび

안에 알맞은 표현을 넣어 보세요.

1 눈이 <u>아파요</u>.
めが 　　　　　　　。

2 가슴이 굉장히 <u>아파요</u>.
むねが 　　　　　　　　　　。

3 다이어트는 <u>힘들겠네요</u>.
ダイエットは 　　　　　　　。

4 이사, <u>힘들었겠어요</u>.
ひっこし、 　　　　　　　。

5 <u>졸업</u>은 언제인가요?
　　　　　　 はいつですか。

6 빈자리는 언제쯤 <u>나오나요</u>?
くうせきは 　　　　　　　　　。

7 시즈오카 <u>하면</u>, 녹차예요.
しずおか 　　　　　　、おちゃです。

8 여름 <u>하면</u>, 불꽃놀이를 <u>떠올려요</u>.
なつ 　　　　　　、はなびを 　　　　　　　。

9 짐은 <u>이것뿐이에요</u>?
にもつは 　　　　　　　　。

10 조금만 (더) <u>할게요</u>.
ちょっと 　　　　　　　。

 정답
1 いたいんです **2** すごく / いたいんです **3** たいへんですね **4** たいへんでしたね
5 そつぎょう **6** いつごろ / でるんですか **7** といえば **8** といえば / おもいだします
9 これだけですか **10** だけ / します

겨울은 냄비의 계절?

ふゆ
후　　　유

겨울

'겨울'은 냄비의 계절입니다. 냄비는 일본어로 '나베(なべ)'라고 하는데요. 일본에서는 겨울이 되면 나베에 나오는 전골 요리를 자주 먹습니다.

나베 요리는 주로 겨울의 제철 채소인 무(だいこん), 배추(はくさい), 부추(にら), 연근(れんこん), 대파(ながねぎ) 등을 고기나 생선과 함께 넣고 끓입니다.

겨울에는 기온이 내려가면서 감기에 걸리거나 면역력이 떨어지기 쉽습니다. 이때 제철의 영양가 높은 음식을 섭취할 수 있는 요리가 바로 '나베 요리!' 또, 몸의 체온을 높일 수 있는 국물 요리가 바로 '나베 요리!'

그리고 일본에서는 '나베 요리'하면 '오뎅(おでん)'을 떠올리는 사람이 많습니다. 일본어로 '오뎅(おでん)'은 '어묵'이 아닙니다. 어묵이 들어간 '나베요리'를 '오뎅'이라고 합니다. 즉, 안에 들어간 무, 곤약, 유부, 어묵을 포함한 일본요리를 '오뎅'이라고 합니다.

いっぱい どうですか。
입 빠이 도 - 데 스 까

한잔 어때요? / 한잔 어떤가요?

일본 친구가 한국에 놀러 오면 친구가 좋아할 만한 음식, 좋아할 만한 곳을 안내합니다. 이때 가장 많이 사용하는 표현이 상대의 의향을 묻는 '어때요?'이지요. '갈비 어때요?' '동대문 어때요?' '막걸리 한잔 어때요?'
'어떤가요?'는 'どうですか'입니다. 반말로 '어때?'라고 할 때는 'どう?'라고 하세요.

これは どうですか。あれは どうですか。
이건 어때요? 저건 어때요?

どちらも おいしそうで、まよいますね。
둘 다 맛있을 것 같아서, 고민되네요.

오늘의 단어

これ 이것 | あれ 저것 | どちらも 어느 쪽도, 둘 다 | おいしそう 맛있을 것 같아 | ～で ~이고, ~여서 |
まよいますね 망설이네요, 고민되네요

표현을 듣고 반복해서 따라 해 보세요.

• **きょう、いっぱい どうですか。** 오늘 한잔 어때요?
　😊 반복 횟수 チェック! ☑☐☐☐☐☐

• **もう いっぱい どうですか。** 한잔 더 어때요?
　😊 반복 횟수 チェック! ☑☐☐☐☐☐

🎤 밑줄 친 부분을 주어진 단어로 바꿔 말해 보세요.

예 **きょうは** 오늘은
→ **<u>きょうは</u> どうですか。** <u>오늘은</u> 어떤가요?

❶ **ソウルは** 서울은　　　　❷ **この りょうりは** 이 요리는
❸ **いっしょに** 같이　　　　❹ **あした いっしょに** 내일 같이
❺ **もう いちじかん** 한 시간 더　❻ **もう ひとつ** 하나 더

😝 **몰랐어요!**

'**どうですか**'의 다른 의미는?

'상대방의 의향'뿐 아니라 '상황'을 확인할 때도 많이 사용합니다.

예 **とうきょうの てんきは どうですか。** 도쿄의 날씨는 어떤가요?
べんきょうの ほうは どうですか。 공부 쪽은 잘되고 있나요?
さいきん、にほんは どうですか。 요즘 일본은 어떤가요?
たいちょうは どうですか。 몸 상태는 어떤가요?
きぶんは どうですか。 기분은 어떤가요?

やすみは どうでしたか。

야 스 미 와 도 - 데 시 따 까

휴가는 어땠나요?

'どうでしたか(어땠나요?)'는 'どうですか(어떤가요?)'의 과거 버전입니다.
한국에 여행 온 일본 친구들이 나의 안내에 만족했는지 한번 확인해 볼까요?
'어제 먹은 요리는 어땠나요?' '호텔은 어땠나요?' '어제 간 곳은 어땠나요?'
반말로 '어땠어?'라고 할 때는 'どうだった?'라고 하세요.

こんかいの りょこうは どうでしたか。
ホテルは? おてんきは?

이번 여행은 어땠어요? 호텔은? 날씨는?

とても よかったです。
ホテルも おてんきも ぜんぶ よかったです。

아주 좋았어요. 호텔도 날씨도 전부 좋았어요.

오늘의 단어

こんかいの 이번(의) | りょこう 여행 | ホテル 호텔 | おてんき 날씨(미화 표현) | とても 매우, 아주 |
よかったです 좋았어요 | 〜も ~도 | ぜんぶ 전부

🔊 표현을 듣고 반복해서 따라 해 보세요.

- **やすみは どうでしたか。** 휴가는 어땠나요?

  😊 반복 횟수 チェック！ ☑ ☐ ☐ ☐ ☐ ☐

- **ホテルの サービスは どうでしたか。** 호텔의 서비스는 어땠나요?

  😊 반복 횟수 チェック！ ☑ ☐ ☐ ☐ ☐ ☐

🎤 밑줄 친 부분을 주어진 단어로 바꿔 말해 보세요.

예 **りょこう** 여행

➡ <u>りょこう</u>は どうでしたか。 <u>여행</u>은 어땠나요?

① **れんきゅう** 연휴

② **この えいが** 이 영화

③ **きのうの ところ** 어제 간 곳

④ **はじめての かんこく** 첫 한국

😀 **몰랐어요!**

'**どうでしたか**'의 반말 표현은?

- **どうだった？** 어땠어?

  예 **りょうり、どうだった。** 요리, 어땠어?

  しけん、どうだった。 시험, 어땠어?

  しゅうまつ、どうだった。 주말, 어땠어?

  きのうの デート、どうだった。 어제 데이트, 어땠어?

じゅんちょうですか。

준 쵸 - 데 스 까

순조롭나요? / 잘돼가요?

오랜만에 만난 사람에게 안부 인사를 해보세요. 단순히 '잘 지내셨어요?'라는 표현보다는, 구체적으로 그 사람의 관심사를 떠올리며 '새로 시작한 일은 순조롭나요?' '금연은 잘돼가요?'라고 안부를 물으면, 상대방이 나에게 한층 더 편하게 마음을 열 겁니다.
'순조롭나요?/잘돼가고 있나요?'는 'じゅんちょうですか'입니다.

かれしとは じゅんちょうですか。
남자 친구와는 잘돼가요?

きのう、わかれました。
어제, 헤어졌어요.

오늘의 단어

かれし 남자 친구 | 〜と ~와, ~과 | きのう 어제 | わかれました 헤어졌어요

🔊 표현을 듣고 반복해서 따라 해 보세요.

- **きんえんは じゅんちょうですか。** 금연은 잘돼가요?
  😊 반복 횟수 チェック！ ☑☐☐☐☐☐

- **りょこうは じゅんちょうですか。** 여행은 순조롭나요?
  😊 반복 횟수 チェック！ ☑☐☐☐☐☐

 밑줄 친 부분을 주어진 단어로 바꿔 말해 보세요.

예 **おしごと** 일

→ <u>**おしごと**</u>**は じゅんちょうですか。** 일은 잘돼가요?

① がっこう 학교　　　　② こそだて 육아

③ べんきょう 공부　　　④ かれしと 남자 친구와

⑤ じゅけんべんきょう 수험 공부

⑥ えいごのべんきょう 영어 공부

😀 **몰랐어요!**

'じゅんちょうですか'의 대답은?

예 **おかげさまで、じゅんちょうです。** 덕분에 순조롭습니다.
すべて じゅんちょうです。 모두 다 순조롭습니다.
よていどおり じゅんちょうです。 예정대로 잘돼갑니다.
まだ じゅんちょうです。 아직 잘돼가고 있습니다.

Day 64

じゅんびは
준 비 와

じゅんちょうですか。
준 쵸 - 데 스 까

준비는 잘돼가요? / 준비는 순조롭나요?

결혼 준비, 면접 준비는 잘 진행되고 있는지, 궁금할 때 한번 사용해 보세요.
'준비는 잘돼가요?'는 'じゅんびは じゅんちょうですか'입니다.
'じゅんび(준비)'의 발음은 [준비]가 아니라, 'ん'을 반 박자 끌면서 [주은비].

けっこんしきの にじかいの じゅんびは
じゅんちょうですか。
결혼식 뒤풀이 준비는 잘돼가나요?

わたしの けっこんしきより にじかいの ほうに
もっと きょうみが あるみたいですね。
내 결혼식보다 뒤풀이 쪽에 더 관심이 많으신 것 같네요.

오늘의 단어

けっこんしき 결혼식 | 〜の ~의 | にじかい 2차, 뒤풀이 | わたし 나, 저 | 〜より ~보다 |
〜のほう ~의 쪽 | もっと 더 | きょうみ 흥미, 관심 | 〜が ~이, ~가 | あるみたいです 있는 것 같아요

🔊 표현을 듣고 반복해서 따라 해 보세요.

· **めんせつの じゅんびは じゅんちょうですか。**

면접 준비는 잘돼가요?

☺ **반복 횟수 チェック！** ☑☐☐☐☐☐

· **しけんの じゅんびは じゅんちょうですか。**

시험 준비는 잘돼가요?

☺ **반복 횟수 チェック！** ☑☐☐☐☐☐

🎤 밑줄 친 부분을 주어진 단어로 바꿔 말해 보세요.

 りょこうの 여행(의)

➡ <u>りょこうの</u> **じゅんびは じゅんちょうですか。**

<u>여행</u> 준비는 잘돼가요?

❶ **ひっこしの** 이사(의)

❷ **けっこんしきの** 결혼식(의)

❸ **パーティーの** 파티(의)

😀 **몰랐어요!**

일본어로 '준비'는?

· 準備(じゅんび) 비교적 장시간, 많은 정성이 들어간 준비 / 마음의 준비

· 用意(ようい) 비교적 단시간, 간단한 준비

예 **しけんの じゅんび** 시험을 위해 도서관에 다니며 공부하며 준비함.

예 **しけんの ようい** 내일 시험에 필요한 필기도구를 준비함.

Day 65

けんこうの ためです。
켕 꼬 - 노 타 메 데 스

건강을 위해서예요.

요즘은 건강에 관한 관심이 날로 높아지고 있습니다. 건강을 위한 식습관, 건강을 위한 운동법, 건강을 위한 영양제 등등. 여러분은 건강을 위해 무엇을 하나요? 저는 건강을 위해 약을 입빠이! 먹어줍니다. 물론 약은 여러분이 생각하는 그것! 맞아요~ 영양제입니다.

'~을(를) 위해서예요'는 '～の ためです'입니다.

サプリメントが すきなんですね。
영양제를 굉장히 좋아하시는군요.

これは ぜんぶ ながいきの ためです。
이게 다 오래살기 위해서예요.

🔊 표현을 듣고 반복해서 따라 해 보세요.

- **けんこうの ためです。** 건강을 위해서예요.

  ☺ **반복 횟수 チェック!** ☑☐☐☐☐☐

- **ダイエットは けんこうの ためです。**

  다이어트는 건강을 위해서예요.

  ☺ **반복 횟수 チェック!** ☑☐☐☐☐☐

 밑줄 친 부분을 주어진 단어로 바꿔 말해 보세요.

예 **あんぜん** 안전

➡ **あんぜんの ためです。** 안전을 위해서예요.

① **りょこう** 여행　　② **ちょきんは りょこう** 저금은 여행

③ **あなた** 당신　　④ **この はなしは あなた** 이 말은 당신

⑤ **しゅうしょく** 취업

⑥ **べんきょうは しゅうしょく** 공부는 취업

😀 **몰랐어요!**

'**ため**'와 함께 사용하는 일본어 표현?

- 念のため 혹시 몰라서, 만약을 위해

  예 念のためです。 만약을 위해서예요.

  念のため、もう 一度 電話します。 혹시 몰라서, 한 번 더 전화할게요.

  念のため、準備します。 만약을 위해서, 준비할게요.

かぞくの ために します。

カ　ゾ　쿠　노　타　메　니　시　마　스

가족을 위해서 해요.

여러분은 가족을 위해서 무엇을 하고 있나요? 가장 가깝고도 사랑하는 가족을 위해 무엇을 하고 있는지, 한 번쯤은 생각해 보는 시간을 갖는 것도 좋을 것 같아요. 저는 가족을 위해서 요리는 하지 않습니다. 맛없는 요리 때문에 힘들 테니까요. '~을(를) 위해 ~합니다'는 '～の ために ～します'입니다.

たなかさんの たんじょうびの ために、
この プレゼントを じゅんび したんです。じゃーん！

다나카 씨의 생일을 위해, 이 선물을 준비했어요. 짠~!

ありがとうございます。
じゃあ、スジンさんの ために ことしは
わたしの たんじょうびを きょうに します。

감사해요. 그럼, 수진 씨를 위해 올해는 내 생일을 오늘로 해야겠네요.

오늘의 단어

たんじょうび 생일 | この プレゼント 이 선물 | ～を ~을, ~를 | じゅんび したんです 준비했어요 |
ありがとうございます 감사합니다 | じゃあ 그럼 | ことし 올해 | わたしの 나의 | きょう 오늘 |
～に します ~(으)로 하겠어요, ~(으)로 할 겁니다

🔊 표현을 듣고 반복해서 따라 해 보세요.

・ **かぞくの ために しごと します。** 가족을 위해서 일해요.
😊 반복 횟수 チェック! ☑☐☐☐☐☐

・ **こいびとの ために りょうり します。** 애인을 위해서 요리해요.
😊 반복 횟수 チェック! ☑☐☐☐☐☐

🎤 밑줄 친 부분을 주어진 단어로 바꿔 말해 보세요.

📗 **けんこう / うんどう** 건강 / 운동

→ **けんこうの ために うんどう します。**
건강을 위해서 운동해요.

① **けんこう / さんぽ** 건강 / 산책
② **りょこう / バイト** 여행 / 알바(아르바이트)
③ **そつぎょう / べんきょう** 졸업 / 공부

 몰랐어요!

일본 의사 500명에게 물었어요.

'건강을 위해서 피해야 할 3가지'는?
1. 喫煙(きつえん) 흡연: 담배는 백해무익이지요.
2. 塩分(えんぶん) 염분: 의외로 일본 음식은 고염분 음식이 많습니다.
3. 早食(はやぐ)い 빨리 먹기: 소화불량 등의 위장 장애를 야기할뿐만 아니라 살찌기 쉽습니다.

Day 67

なまビールに します。
나 마 비 - 르 니 시 마 스

생맥주로 할게요.

결정 장애가 있는 사람에게 코스 요리의 주문은 너무나 힘든 난코스입니다. 메인 메뉴에 이어 음료수, 디저트까지 많은 것을 선택해야 합니다.
이럴 때는 직감을 믿고 'これに します(이것으로 할게요)'라고 외쳐 보세요. 조금 후회가 되더라도, 빨리 주문해서 빨리 먹게 된 것에 만족하면 됩니다.
'~(으)로 할게요'는 '〜に します'입니다.

> サイドメニューは なにに なさいますか。
> 사이드 메뉴는 무엇으로 하시겠습니까?

> フライドポテトに します。いや！
> オニオンリングに します。いやっ！ まよっちゃう。
> 감자튀김으로 할게요. 아니! 어니언링으로 할게요. 아니! 고민되네.

오늘의 단어

サイドメニュー 사이드 메뉴 | 〜は ~은, ~는 | なにに なさいますか 무엇으로 하시겠습니까?(존경 표현) |
フライドポテト 감자튀김 | いや 아니(회화 표현) | オニオンリング 어니언링 |
まよっちゃう 고민되네, 망설이게 돼

🔊 표현을 듣고 반복해서 따라 해 보세요.

- **なまビールに します。** 생맥주로 할게요.
  ☺ 반복 횟수 チェック！ ☑☐☐☐☐☐

- **Aセットに します。** A 세트로 할게요.
  ☺ 반복 횟수 チェック！ ☑☐☐☐☐☐

🎤 밑줄 친 부분을 주어진 단어로 바꿔 말해 보세요.

예 **サイド / ポテト** 사이드(메뉴) / 감자(튀김)

  ➡ **サイドは ポテトに します。** 사이드는 감자로 할게요.

❶ **おさけ / ハイボール** 술 / 하이볼(위스키에 탄산수를 넣은 술)

❷ **サイズ / Mサイズ** 사이즈 / M 사이즈

❸ **ステーキ / ミディアム** 스테이크 / 미디엄

❹ **ドレッシング / これ** 드레싱 / 이것

몰랐어요!

'**〜に します**'의 점원(존경) 표현은?

- 명사 + **に なさいます** ~로 하십니다

  예 **なにに なさいますか。** 무엇으로 하시겠습니까?

  おのみものは なにに なさいますか。 음료수는 무엇으로 하시겠습니까?

  どちらに なさいますか。 어느 쪽으로 하시겠습니까?

  パンと ごはん、どちらに なさいますか。
  빵과 밥, 어느 쪽으로 하시겠습니까?

Day 68

どれに しましょう(か)。
도 레 니 시 마 쇼 - 까

(우리) 어느 것으로 할까요(?)

한국의 식사 문화는 다양한 음식을 주문해서, 함께 먹는 문화이지요.
'우리 이거랑 이것으로 해요. 그래서 나눠 먹어요.' 이때의 '우리 ~(으)로 해요'는
'~に しましょう'입니다. 상대방이 결정해주기를 원할 때, '우리 무엇으로 할까
요?'는 'なにに しましょうか'입니다.

こんどの りょこうは いせに しましょうか。
이번 여행은 이세로 할까요?

いいですね。ばんごはんは
いせえび たべほうだいに しましょう。
좋네요. 저녁은 이세 새우 뷔페로 해요.

오늘의 단어

こんど 이번 ┃ りょこう 여행 ┃ いせ 이세(일본 지명) ┃ いいですね 좋네요 ┃ ばんごはん 저녁밥 ┃
いせえび 이세 새우(이세 지역의 명물) ┃ たべほうだい 뷔페

🔊 표현을 듣고 반복해서 따라 해 보세요.

• **どれに しましょうか。** 어느 것으로 할까요?
  😊 반복 횟수 チェック！ ✅ ⬜⬜⬜⬜⬜

• **この みせに しましょう。** 이 가게로 해요.
  😊 반복 횟수 チェック！ ✅ ⬜⬜⬜⬜⬜

 밑줄 친 부분을 주어진 단어로 바꿔 말해 보세요.

例 **りょこう / どこ** 여행 / 어디
  ➡ <u>りょこう</u>は <u>どこ</u>に しましょうか。 여행은 어디로 할까요?

❶ **のみかい / いつ** 술 모임(회식) / 언제
❷ **メンバー / だれ** 멤버 / 누구
❸ **おみやげ / なに** (여행, 출장) 선물 / 무엇
❹ **デザート / どれ** 디저트 / 어느 것

😃 **몰랐어요!**

'사물을 가리키는 지시어' 표현은?

これ	이것: 나에게 가까운 사물
それ	그것: 상대에게 가까운 사물
あれ	그것: 서로의 공통의 화제인 사물
あれ	저것: 둘에게서 멀리 떨어져 있는 사물
どれ	어느 것, 어떤 것: 여러 사물 중에 하나를 택할 때 사용

Day 69

ついかして ください。
쯔 이 카 시 떼 쿠 다 사 이

추가해 주세요. / 추가하세요.

일본에서 '~해 주세요/~하세요'는 정말 많이 사용합니다. 단, 우리말로는 굉장히 정중해 보이는 표현이지만 어디까지나 정중한 명!령!의 표현이므로 부탁할 일이 있을 때는 가급적 사용하지 않는 것이 좋습니다. 여러분들도 예약할 때, 물건값을 깎을 때 사용해 보세요.
'~하세요'는 '〜して ください'입니다.

あさ はやく、でんわして ください！
아침 일찍 전화해주세요.

ハハハ、わたしは あなたの モーニングコールですか。
하하하, 나는 당신의 모닝콜인가요?

오늘의 단어

あさ 아침 | はやく 일찍, 빨리 | でんわ 전화 | わたし 나, 저 | ～は ~은, 는 | あなた 당신, 너 | ～の ~의 | モーニングコール 모닝콜

표현을 듣고 반복해서 따라 해 보세요.

- **ついかして ください。** 추가해 주세요.
  ☺반복 횟수 チェック！ ☑☐☐☐☐☐

- **でんわして ください。** 전화하세요.
  ☺반복 횟수 チェック！ ☑☐☐☐☐☐

🎤 밑줄 친 부분을 주어진 단어로 바꿔 말해 보세요.

예 **うんどう** 운동
　➡ <u>うんどう</u>して ください。 <u>운동</u>하세요.

1 **しゅくだい** 숙제 　　2 **しょくじ** 식사
3 **タッチ** 터치 　　4 **おうえん** 응원
5 **アドバイス** 어드바이스 　　6 **しゅうちゅう** 집중

😀 **몰랐어요!**

'**～してください**'의 점원(존경) 표현은?

- **お(ご)명사 + ください** ~해 주십시오

  예 **お電話(でんわ) ください。** 전화 주십시오.
  ご注意(ちゅうい) ください。 주의해 주십시오.
  ご遠慮(えんりょ) ください。 삼가 주십시오.
  (こちらに) ご記入(きにゅう) ください。 (여기에) 기입해 주십시오.

おおもりに して ください。

오 - 모 리 니 시 떼 쿠 다 사 이

곱빼기로 해 주세요.

'커피는 아이스로 해주세요.' '짬뽕은 곱빼기로 해 주세요.'

여러 메뉴 중에 하나를 선택할 때, 또 좀 더 구체적으로 나에게 맞는 메뉴를 선택할 때는 '~로 해 주세요'라고 외쳐 보세요.

'~(으)로 해 주세요'는 '〜に して ください'입니다.

すみません！ ダイエットコーヒー！
クリームは おおめに して ください！

여기요. 다이어트 커피! 크림은 좀 많게 해 주세요!

はい？ あ、はい、かしこまりました。

네? 아, 네! 알겠습니다.

오늘의 단어

すみません 여기요 | ダイエットコーヒー 다이어트 커피 | クリーム 크림 | 〜は ~은, ~는 |
おおめに 좀 많게 | かしこまりました 알겠습니다(겸양 표현)

🔊 표현을 듣고 반복해서 따라 해 보세요.

• **アイスに して ください。** 아이스로 해 주세요.
☺ 반복 횟수 チェック！ ☑☐☐☐☐☐

• **おおもりに して ください。** 곱빼기로 해 주세요.
☺ 반복 횟수 チェック！ ☑☐☐☐☐☐

🎙 밑줄 친 부분을 주어진 단어로 바꿔 말해 보세요.

예 **コーヒー / ホット** 커피 / 핫(뜨거운 것)

➡ <u>**コーヒー**</u>は <u>**ホット**</u>に して ください。

커피는 뜨거운 것으로 해 주세요.

① **ごはん / はんライス** 밥 / 절반(라이스)
② **マヨネーズ / おおめ** 마요네즈 / 좀 많게
③ **ソース / すくなめ** 소스 / 좀 적게

😀 **몰랐어요!**

'그릇에 담긴 음식의 양'을 나타내는 표현은?
• 적은 양 小盛(こもり)
• 곱빼기 大盛(おおもり)
• 대 / 중 / 소 大(だい) / 中(ちゅう) / 小(しょう)
• 보통(중간) 並盛(なみもり)
• 특대(특곱빼기) 特盛(とくもり)

안에 알맞은 표현을 넣어 보세요.

1 한잔 더 어때요?

もう いっぱい 　　　　　。

2 휴가는 어땠나요?

　　　　　　は どうでしたか。

3 금연은 잘돼가요?

きんえんは 　　　　　　　。

4 여행 준비는 잘돼가요?

りょこうの 　　　　　は 　　　　　　。

5 건강을 위해서예요.

けんこう 　　　　　　　。

6 가족을 위해서 일해요.

かぞく 　　　　　　しごと 　　　。

7 생맥주로 할게요.

なまビール 　　　　　。

8 이 가게로 해요.

このみせ 　　　　　。

9 추가해 주세요.

ついか 　　　　　。

10 곱빼기로 해 주세요.

　　　　　 に して ください。

---

1 どうですか **2** やすみ **3** じゅんちょうですか **4** じゅんび / じゅんちょうですか
5 の / ためです **6** のために / します **7** に / します **8** に / しましょう **9** して / ください
10 おおもり

설날은 주부들이 편히 쉬는 날

おせち りょうり
오 세 치 로 - 리

오세치 요리(설날 음식)

'설날 음식'은 일본어로 'おせち りょうり[오세치 료리]'입니다.

음식을 12월 31일에 만들어 둔 후, 설날 연휴 3일간은 따로 요리를 하지 않습니다. 그러다 보니, 일본에서는 '설날은 가사로부터 해방되는 날'의 이미지가 강합니다. 에도 말기에 생긴 풍습이라고 하네요.

최근에는 집에서 음식 만드는 일이 매우 드물며, 보통은 백화점이나 유명 음식점에 예약합니다. 또, 요즘은 편의점에서 주문 예약을 하기도 합니다.

'오세치 요리'는 운이 좋아지는 길한 식재료만 사용합니다.

- **かずのこ(청어알)** ➡ 자손 번영: 무수한 알은 다산을 의미하지요.

- **えび(새우)** ➡ 장수: 새우는 등이 굽고 수염이 길어 장수를 의미하지요.

- **こんぶ(다시마)** ➡ 행복: '기쁘다'를 뜻하는 'よろこぶ[요로코부]'의
  발음과 '다시마[콘부]'의 발음이 비슷합니다.

- **たい(도미)** ➡ 경사, 축하할 일: '축하하다'를 뜻하는 'おめでたい[오메데타이]'의 발음과 '도
  미[타이]'의 발음이 비슷합니다.

- **くりきんとん(삶은 밤과 고구마 으깬 것)** ➡ 부유, 금전: 노란색의 쿠리킨통은 금을 의미
  하지요.

めんぜいで

멘 제 - 데

おねがいします。

오 네 가 이 시 마 스

면세로 부탁해요. / 면세로 해주세요.

일본에서 물건을 사 본 경험이 있으신가요? 물건에 붙어있는 가격표의 금액만큼만 준비해서 계산대에 갔다가 당황하지는 않으셨나요? 일본에서는 가격표의 금액에 '소비세를 더한' 가격으로 계산하셔야 합니다.

하지만 싸게 살 수 있는 곳도 있지요. '免税(면세) · TAX FREE'라고 쓰여 있는 곳을 눈 크게 뜨고 찾아보세요. 그리고는 '면세로 해주세요!'라고 외쳐 보세요.

'~(으)로 부탁해요'는 '～で おねがいします'입니다.

めんぜいで おねがいします！ それから、カードで おねがいします！ いっかつばらいで おねがいします！

면세로 부탁해요! 그리고 카드로 해주세요! 일시불로 해주세요!

はい、かしこまりました。

네, 알겠습니다.

오늘의 단어

めんぜい 면세 ｜ それから 그리고, 그러고 나서 ｜ カード 카드 ｜ いっかつばらい 일시불 ｜ かしこまりました 알겠습니다(겸양 표현)

🔊 표현을 듣고 반복해서 따라 해 보세요.

・ **めんぜいで おねがいします。** 면세로 해주세요.

☺ 반복 횟수 チェック！ ☑☐☐☐☐☐

・ **おもちかえりで おねがいします。** 테이크아웃으로 부탁해요.

☺ 반복 횟수 チェック！ ☑☐☐☐☐☐

 밑줄 친 부분을 주어진 단어로 바꿔 말해 보세요.

例 **カード** 카드

➡ **<u>カード</u>で おねがいします。** 카드로 부탁해요.

① **いっかつばらい** 일시불　　② **ぶんかつばらい** 할부

③ **おうふく** 왕복　　④ **かたみち** 편도

⑤ **まどがわ** 창가 쪽　　⑥ **つうろがわ** 통로 쪽

 몰랐어요!

일본에서 '신용카드 할부' 표현은?

・ に かいばらい
 2回払い 2개월 할부

・ さんかいばらい
 3回払い 3개월 할부

・ ろっかいばらい
 6回払い 6개월 할부

・ じゅうに かいばらい
 12回払い 12개월 할부

＊ 참고로 일본은 '6개월 할부'가 거의 없습니다. 또, 결제 금액이 큰 가전제품 정도
가 분할 납부가 가능하며 식당, 이자카야 등은 분할 납부가 거의 불가능합니다.

Day 72

ねぎ ぬきで
네 기 누 끼 데

おねがいします。
오 네 가 이 시 마 스

파 빼고 부탁해요. / 파 빼고 주세요.

아무리 모두가 인정하는 맛있는 음식이라도 내가 싫어하는 재료가 들어간 음식은
맛있게 즐기기 어렵겠지요. 저는 모든 만나는 사람들과의 상쾌한 대화를 위해, '양
파 빼고 주세요!'라고 자주 주문하곤 해요.
여러분들도 사용해 보세요. '~빼고 주세요'는 '~ぬきで おねがいします'입니다.

> すみません！オニオンスープ、
> たまねぎ ぬきで おねがいします！
> 여기요. 어니언 수프, 양파 빼고 주세요!

> おきゃくさま！それでは、
> ほかの スープは いかがでしょうか。
> 손님! 그럼, 다른 수프는 어떠신가요?

오늘의 단어

すみません 여기요 ｜ オニオンスープ 어니언 수프 ｜ たまねぎ 양파 ｜ おきゃくさま 손님 ｜
それでは 그렇다면(정중한 표현) ｜ ほかの 다른 ｜ 〜は ~은, ~는 ｜
いかがでしょうか 어떠신가요?(정중한 표현)

🔊 표현을 듣고 반복해서 따라 해 보세요.

· ねぎ ぬきで おねがいします。 파 빼고 부탁해요.
  😊 반복 횟수 チェック！ ☑☐☐☐☐☐

· たまねぎ ぬきで おねがいします。 양파 빼고 주세요.
  😊 반복 횟수 チェック！ ☑☐☐☐☐☐

 밑줄 친 부분을 주어진 단어로 바꿔 말해 보세요.

예 パクチー 고수
  ➡ <u>パクチー</u> ぬきで おねがいします。 고수 빼고 부탁해요.

❶ ケチャップ 케첩   ❷ こおり 얼음
❸ クリーム 크림   ❹ うえの クリーム 위에 크림
❺ きゅうり 오이   ❻ なかの きゅうり 안에 오이

 몰랐어요!

일본어로 '추가' 표현은?

· 追加（ついか）   추가
· 替え玉（かえだま）   라멘집에서 면 추가
· お代わり（かわり）   같은 음식을 추가로 주문(리필)
· お代わり 自由（かわり じゆう）   추가 주문 자유(리필 무료)

Day 73

よやく したんですけど。
요 야 쿠 시 딴 데 스 케 도

예약했는데요.

'~けど'는 '~인데/~한데'라고 해석해서 뒤에 다른 문장이 연결되어야 하지만, 일본에서는 '~けど'로 문장이 끝나는 경우가 많습니다.

예 예약했는데, (확인해 주세요.)
연락했었는데, (기억하고 계세요?)
약속했었는데, (알고 계시지요?) 등등….

굉장히 유용하게 사용할 수 있는 표현입니다. '~けど'보다 정중한 표현으로는 '~が'가 있습니다. '~했는데요'는 '~したんですけど'입니다.

きのう、ネットで よやく したんですけど。
어제, 인터넷으로 예약했는데요.

おきゃくさま! おなまえ おねがいします。
손님! 성함 부탁드립니다.

오늘의 단어

きのう 어제 | ネットで 인터넷으로 | よやく 예약 | おきゃくさま 손님 | おなまえ 성함(존경 표현) |
おねがいします 부탁드립니다

🔊 표현을 듣고 반복해서 따라 해 보세요.

- **よやく したんですけど。** 예약했는데요.
  😊 반복 횟수 チェック！ ☑️⬜⬜⬜⬜⬜

- **れんらく したんですけど。** 연락했는데요.
  😊 반복 횟수 チェック！ ☑️⬜⬜⬜⬜⬜

🎤 밑줄 친 부분을 주어진 단어로 바꿔 말해 보세요.

예 **やくそく** 약속

➡ **やくそく** したんですけど。 약속했는데요.

① **ちゅうもん** 주문　　② **でんわで ちゅうもん** 전화로 주문
③ **かくにん** 확인　　④ **ネットで かくにん** 인터넷으로 확인
⑤ **しはらい** 지불(계산)　　⑥ **カードで しはらい** 카드로 계산

 몰랐어요!

일본어로 '계산' 표현은?

- 여기요! 계산해 주세요. お勘定（かんじょう）　➡ 가게에서 계산하는 일
- 계산해 드리겠습니다. お会計（かいけい）　➡ 수익이나 비용을 계산 / 가게에서 계산

- 현금으로 계산하시겠습니까? 支払（しはら）い　➡ 지불
  카드로 계산할게요. 支払（しはら）い　➡ 지불
- 할부 수수료가 어떻게 되는지 계산해 봐야겠다. 計算（けいさん）　➡ 단순히 숫자(수치) 계산

Day 74

ごじに よやく
고 지 니 요 야 쿠

したんですけど。
시 딴 데 스 케 도

5시에 예약했는데요.

호텔이나 투어버스 등을 예약하는 것도 중요하지만, 예약한 곳에 가서 '5시에 예약했는데요'라고 이야기할 수 있어야겠지요. 또, 주문한 음식이 나오지 않을 때도 '아까 주문했었는데요'라고 말해 보세요.

'~에 ~했는데요'는 '〜に 〜したんですけど'입니다.

すみません!
さっき うどん、ちゅうもん したんですけど。
여기요. 아까 우동, 주문했는데요.

すみません。しょうしょう おまちください。
죄송합니다. 잠시만 기다려 주세요.

오늘의 단어

すみません 여기요, 죄송합니다 | **さっき** 아까, 방금 전에 | **うどん** 우동 | **ちゅうもん** 주문 |
しょうしょう 잠시만(정중한 표현) | **おまちください** 기다려 주세요(존경 표현)

표현을 듣고 반복해서 따라 해 보세요.

- **しちじに でんわ したんですけど。** 7시에 전화했었는데요.
  ☺반복 횟수 チェック！ ☑☐☐☐☐☐

- **くじに れんらく したんですけど。** 9시에 연락했는데요.
  ☺반복 횟수 チェック！ ☑☐☐☐☐☐

밑줄 친 부분을 주어진 단어로 바꿔 말해 보세요.

(예) **ごじ はんに / やくそく** 5시 반에 / 약속

　➡ <u>ごじ はんに</u> <u>やくそく</u> したんですけど。
　　5시 반에 약속했는데요.

❶ **さっき / ちゅうもん**　　아까 / 주문

❷ **まえに / でんわ**　　전에 / 전화

❸ **にじかん まえに / よやく**　2시간 전에 / 예약

😀 **몰랐어요!**

일본어로 '시간' 표현은?

1시	2시	3시	4시	5시	6시
いちじ	にじ	さんじ	よじ	ごじ	ろくじ
7시	8시	9시	10시	11시	12시
しちじ	はちじ	くじ	じゅうじ	じゅういちじ	じゅうにじ

じゅっぷん かかります。
줍 뿡 카 카 리 마 스

10분 걸려요.

여행에서 걸리는 시간과 비용은 매우 중요합니다. 일본어 'かかります'는 '(시간이) 걸려요' '(비용이) 들어요' 두 가지 경우에서 모두 사용할 수 있습니다.
'시간이 걸려요'는 'じかんが かかります', '비용이 들어요'는 'おかねが かかります'입니다.

> でんしゃで さんじゅっぷん かかりますけど、
> バスで じゅうごふん かかります。
> 전철로 30분 걸리지만, 버스로 15분 걸려요.

> でも、でんしゃは にひゃくえん かかりますけど、
> バスは よんひゃくえん かかります。
> 근데, 전철은 200엔 들지만, 버스는 400엔 들어요.

오늘의 단어

でんしゃ 전철 | 〜で 〜(으)로 | さんじゅっぷん 30분 | 〜けど 〜지만, 〜인데 | バス 버스 |
じゅうごふん 15분 | でも 근데, 하지만 | にひゃくえん 200엔 | よんひゃくえん 400엔

표현을 듣고 반복해서 따라 해 보세요.

- **じゅっぷん かかります。** 10분 걸려요.
  ☺ 반복 횟수 チェック！ ☑☐☐☐☐☐

- **いちまんえん かかります。** 만 엔 들어요.
  ☺ 반복 횟수 チェック！ ☑☐☐☐☐☐

밑줄 친 부분을 주어진 단어로 바꿔 말해 보세요.

(예) **いちじかん** 1시간

➡ <u>**いちじかん**</u> **かかります。** 1시간 걸려요.

① **いっしゅうかん** 1주일　② **いっかげつ** 1개월

③ **いちねん** 1년　④ **すこし** 조금

⑤ **もっと** 더　⑥ **せんえん** 1,000엔

☺ **몰랐어요!**

일본어로 '분' 표현은?

10분	じゅっぷん	5분	ごふん
20분	にじゅっぷん	15분	じゅうごふん
30분	さんじゅっぷん	25분	にじゅうごふん
40분	よんじゅっぷん	35분	さんじゅうごふん
50분	ごじゅっぷん	45분	よんじゅうごふん
몇 분	なんぷん	55분	ごじゅうごふん

Day 76

どの ぐらい
도 노 구 라 이

かかりますか。
카 카 리 마 스 까

어느 정도 걸려요? / 어느 정도 드나요?

일본 택시는 정말 비쌉니다. 우리나라에서 택시를 이용하듯이 일본에서 이용하다
가는 아무것도 못 먹고 손가락만 빨다 돌아올 수 있습니다.
시간은 어느 정도 걸리는지? 비용은 어느 정도 드는지? 궁금할 때는 'どの ぐらい
かかりますか'를 외쳐 보세요.

しぶやえきまで どの ぐらい かかりますか。
시부야역까지 어느 정도예요?

おきゃくさま！じかんの ほうでしょうか。
それとも りょうきんの ほうでしょうか。
손님! 시간(쪽)이요? 아니면 요금(쪽)이요?

오늘의 단어

しぶやえき 시부야역 ┃ どの ぐらい 어느 정도 ┃ おきゃくさま 손님 ┃ じかん 시간 ┃
～の ほう ~의 쪽(둘 중 하나를 선택할 때 주로 사용) ┃ ～でしょうか ~이신가요?('~인가요'의 정중한 표현) ┃
それとも 아니면 ┃ りょうきん 요금

🔊 표현을 듣고 반복해서 따라 해 보세요.

・えきまで どの ぐらい かかりますか。

역까지 어느 정도 걸려요(드나요)?

😊 반복 횟수 チェック！☑️⬜⬜⬜⬜⬜

・でんしゃで どの ぐらい かかりますか。

전철로 어느 정도 걸려요(드나요)?

😊 반복 횟수 チェック！☑️⬜⬜⬜⬜⬜

 밑줄 친 부분을 주어진 단어로 바꿔 말해 보세요.

예 **すしやまで** 초밥집까지

➡ <u>すしやまで</u> どの ぐらい かかりますか。

<u>초밥집까지</u> 어느 정도 걸리나요?

① **おてらまで** 절까지　　② **デパートまで** 백화점까지

③ **ほんやまで** 서점까지　　④ **バスで** 버스로

⑤ **くるまで** 차로　　⑥ **あるいて** 걸어서

😊 **몰랐어요!**

'**かかりますか**(걸려요?/들어요?)'와 함께 사용할 수 있는 의문 표현은?

・**なんぷん** 몇 분　　　・**なんじかん** 몇 시간

・**なんかげつ** 몇 개월　　・**なんねん** 몇 년

・**いくら** 얼마

サワーなら だいじょうぶ。
사 와 - 나 라 다 이 죠 - 부

사와(칵테일 종류)라면 괜찮아.

술을 잘 못하는 사람도 '사와(칵테일의 일종)'를 한입 맛보면, '사와라면 괜찮아요, 달콤해서 마실 수 있을 것 같아요'라고 합니다. 하지만, 사와도 술입니다. 맛있다고 홀짝홀짝 계속 마시다가는, 집에 네발로 기어갈 수 있으니 주의하세요~. 참고로 'チューハイ([츄-하이]; 칵테일의 일종)'는 엄밀히 말하면 '사와'와 다른 재료가 들어가지만, 일본 술집에서는 거의 같은 의미로 사용되고 있습니다.
'~(이)라면 괜찮아'는 '〜なら だいじょうぶ'입니다.

スジンさんは おさけ よわいですよね。
수진 씨는 술 약하지요.

サワーなら だいじょうぶです。
おいしい! あまい! きに いった!
사와라면 괜찮아요. 맛있어! 달콤해! 맘에 들어!

오늘의 단어

おさけ 술 | よわい 약해 | 〜ですよね ~지요(확인) | サワー 사와(칵테일 종류) | おいしい 맛있어 |
あまい 달콤해 | きに いった 마음에 들어

표현을 듣고 반복해서 따라 해 보세요.

- **サワーなら だいじょうぶです。** 사와(칵테일 종류)라면 괜찮아요.
  ☺ **반복 횟수 チェック！** ☑☐☐☐☐☐

- **おかゆなら だいじょうぶです。** 죽이라면 괜찮아요.
  ☺ **반복 횟수 チェック！** ☑☐☐☐☐☐

🎤 밑줄 친 부분을 주어진 단어로 바꿔 말해 보세요.

예 **しゅうまつ** 주말

➡ <u>しゅうまつ</u>なら だいじょうぶですか。

　주말이라면 괜찮아요?

❶ **きょう** 오늘　　　　　　❷ **いま** 지금

❸ **いっかい** 한 번　　　　 ❹ **いっかいだけ** 한 번만

❺ **いくら** 얼마　　　　　　❻ **いくらまで** 얼마까지

 몰랐어요!

'サワー'라는 술이란?

영어 'sour'의 일본 발음으로 칵테일의 일종.

＊ 증류주 + 산미가 있는 과즙 + 시럽 (+ 탄산수를 함께 넣기도 함)

いっしょなら
잇　쇼　나　라

だいじょうぶ。
다　이　죠 - 부

함께라면 괜찮아.

'함께'라는 단어는 마음 든든해지는 단어입니다. '나와 함께라면 괜찮아요'라고 상대방을 안심시킬 수도, '당신과 함께라면 괜찮을 것 같아요'라며 스스로를 안심시킬 수도 있습니다.

'함께/같이'는 'いっしょ(に)'입니다.

あなたと いっしょなら
どこでも いつでも だいじょうぶです。
당신과 함께라면 어디라도 언제라도 괜찮아요.

ちょっと トイレ。
だんしトイレには ついて こないで ください。
잠깐 화장실 좀. 남자 화장실에는 따라오지 마요.

오늘의 단어

あなた 당신, 너 **｜ どこでも** 어디라도 **｜ いつでも** 언제라도 **｜ ちょっと** 좀, 잠깐 **｜ トイレ** 화장실 **｜**
だんしトイレ 남자 화장실 **｜ ～には** ~에는 **｜ ついて こないでください** 따라오지 마요

🔊 표현을 듣고 반복해서 따라 해 보세요.

• **わたしと いっしょなら だいじょうぶです。**

나와 함께라면 괜찮아요.

☺ 반복 횟수 チェック！ ☑☐☐☐☐☐

• **あなたと いっしょなら だいじょうぶです。**

당신과 함께라면 괜찮아요.

☺ 반복 횟수 チェック！ ☑☐☐☐☐☐

🎤 밑줄 친 부분을 주어진 단어로 바꿔 말해 보세요.

예 **せんせい** 선생님

➡ **せんせいと いっしょなら だいじょうぶです。**

선생님과 함께라면 괜찮아요.

① **かぞく** 가족

② **こども** 아이

③ **みんな** 모두

😃 몰랐어요!

'一緒(함께, 같이)'의 다른 의미?

• 私の 考えも 一緒です。 내 생각도 같아요.   ➡ 같음

• 荷物を 一緒に して ください。 짐을 합쳐 주세요. ➡ 합침

• 私も ご一緒 します。 저도 동행하겠습니다.   ➡ 동행

タレが たりないです。

타 레 가 타 리 나 이 데 스

양념장(소스)이 부족해요.

한창 재미있게 놀고 있는데 시간이 너무 빨리 흘러갈 때, 나도 모르게 저절로 '시간이 부족해요' '술이 부족해요' '음식이 부족해요'라고 말하게 됩니다.

'~이(가) 부족해요'는 '〜が たりないです'입니다. 또, '양념장(소스)'은 'タレ'입니다. 옛날 간장이 없던 시절, 된장을 물에 풀어서 불에 졸인 후 자루에 넣어 높은 곳에 매달아 두었습니다. 매달아 둔 자루에서 아래로 떨어지는 액체를 받아 양념장으로 사용했다고 합니다. '떨어지는(たれる) 된장(みそ)'이 'タレ'의 어원입니다.

すこし タレが たりないです。
소스가 좀 부족하네요.

わたしは おにくが ぜんぜん たりないです。
나는 고기가 많이 부족하네요.

오늘의 단어

すこし 조금, 좀 ㅣ タレ 양념장, 소스 ㅣ わたし 나, 저 ㅣ 〜は ~은, ~는 ㅣ おにく 고기(미화 표현) ㅣ
ぜんぜん 전혀, 많이

🔊 표현을 듣고 반복해서 따라 해 보세요.

・タレが たりないです。 양념장이 부족해요.
☺반복 횟수 チェック！ ✓☐☐☐☐☐

・おかねが たりないです。 돈이 부족해요.
☺반복 횟수 チェック！ ✓☐☐☐☐☐

🎤 밑줄 친 부분을 주어진 단어로 바꿔 말해 보세요.

 じかん 시간

➡ **じかんが たりないです。** 시간이 부족해요.

❶ **おさけ** 술　　　　　　　　❷ **けいけん** 경험

❸ **ひと** 사람　　　　　　　　❹ **ひとで** 일손

❺ **おつり** 거스름돈　　　　　❻ **なにか** 뭔가

😄 몰랐어요!

일본어로 '충분해요' 표현은?

・足^たります 부족하지 않아요
・充分^{じゅうぶん}です 충분해요(추상적 · 주관적인 것)
・十分^{じゅうぶん}です 충분해요(물리적 · 객관적인 것)

Day 80

ひとが まだ
히 또 가 마 다
たりないです。
타 리 나 이 데 스

사람이 아직 부족해요.

누구나 사람에게는 목마른 사슴 같은 존재가 하나씩은 있는 것 같습니다. '돈을 모아도 모아도 아직 부족해요.' '다이어트를 해도 해도 아직 부족해요.' 이런 열정은 우리의 삶의 원동력이 되기도 하지만, 마음의 병을 얻게 하기도 합니다. 마음이 무거울 때는 모든 시름을 잊게 할 수 있는 무언가를 해보는 것도 좋은 방법이지요. 시름을 잊기에는 '일본어 공부!'만큼 좋은 약은 없습니다.
'아직 부족해요'는 'まだ たりないです'입니다.

きょうの ゆうしょう おめでとうございます。
오늘의 우승 축하드립니다.

ありがとうございます。でも、いっしょうでは
まだ たりないです。これからも がんばります。
감사합니다. 하지만, 1승으로는 아직 부족합니다. 앞으로도 열심히 하겠습니다.

오늘의 단어

きょうの 오늘의 | ゆうしょう 우승 | おめでとうございます 축하합니다 |
ありがとうございます 감사합니다 | でも 하지만, 그런데 | いっしょうでは 1승으로는 |
これからも 앞으로도 | がんばります 열심히 하겠습니다

🔊 표현을 듣고 반복해서 따라 해 보세요.

- **ひとが まだ たりないです。** 사람이 아직 부족해요.
  😊 반복 횟수 チェック! ☑☐☐☐☐☐

- **ひとが ひとり たりないです。** 사람이 한 명 부족해요.
  😊 반복 횟수 チェック! ☑☐☐☐☐☐

🎙 밑줄 친 부분을 주어진 단어로 바꿔 말해 보세요.

예 **おさら / ひとつ** 접시 / 하나

➡ <u>おさら</u>が <u>ひとつ</u> たりないです。

접시가 하나 부족해요.

① **じかん / けっこう** 시간 / 꽤

② **おかね / じゅうえん** 돈 / 10엔

③ **おつり / さんじゅうえん** 거스름돈 / 30엔

④ **なにか / いまいち** 뭔가 / 2%(조금 부족한 모양)

 몰랐어요!

일본어로 '부족한 부분' 표현은?

- 足りない 分 부족한 부분, 부족한 분량

  예 足りない 分、頑張りましょう。 부족한 만큼, 열심히 합시다.
  (→ 부족하지만 포기하지 말고 열심히 해봅시다.)

안에 알맞은 표현을 넣어 보세요.

1 왕복으로 부탁해요.
おうふくで   。

2 양파 빼고 부탁해요.
たまねぎ   。

3 예약했는데요.
よやく   。

4 5시 반에 약속했는데요.
            に   したんですけど。

5 10분 걸려요.
じゅっぷん   。

6 차로 어느 정도 걸리나요?
くるまで   。

7 죽이라면 괜찮아요.
おかゆ   。

8 당신과 함께라면 괜찮아요.
あなたと   だいじょうぶです。

9 돈이 부족해요.
おかねが   。

10 접시가 하나 부족해요.
            が   たりないです。

정답 **1** おねがいします **2** ぬきで / おねがいします **3** したんですけど **4** ごじはん / やくそく
5 かかります **6** どのぐらい / かかりますか **7** なら / だいじょうぶです **8** いっしょなら
9 たりないです **10** おさら / ひとつ

일본어 PLUS+

◆ 숫자를 함께 외워요.

0	ゼロ · れい				
1	いち	10	じゅう	100	ひゃく
2	に	20	にじゅう	200	にひゃく
3	さん	30	さんじゅう	300	さんびゅく
4	よん · し	40	よんじゅう	400	よんひゃく
5	ご	50	ごじゅう	500	ごひゃく
6	ろく	60	ろくじゅう	600	ろっぴゃく
7	なな · しち	70	ななじゅう	700	ななひゃく
8	はち	80	はちじゅう	800	はっぴゃく
9	きゅう · く	90	きゅうじゅう	900	きゅうひゃく

1,000	せん	10,000	いちまん
2,000	にせん	20,000	にまん
3,000	さんぜん	30,000	さんまん
4,000	よんせん	40,000	よんまん
5,000	ごせん	50,000	ごまん
6,000	ろくせん	60,000	ろくまん
7,000	ななせん	70,000	ななまん
8,000	はっせん	80,000	はちまん
9,000	きゅうせん	90,000	きゅうまん

いま、パンが かえますか。

이 마　팡　가　카 에 마 스　까

지금, 빵을 살 수 있나요?

맛있는 빵은 누가 뭐래도 갓 구운 빵일 겁니다. 그래서 일본의 대부분의 빵집 앞에는 빵 굽는 시간이 적혀 있습니다. 만약 없다면 '갓 구운 빵은 언제 살 수 있나요?'라고 물어보세요. 참고로 일본에는 '소보로빵'이 없습니다. 'そぼろ([소보로]; 잘게 으깨어 볶음)'는 일본어인데 말이죠. 대신에 우리의 소보로빵에 멜론향을 가미한 'メロンパン([메론빵]; 멜론빵)'이 대중적입니다.

'~을(를) 살 수 있나요?'는 '〜が かえますか'입니다.

やきたての しょくパンは いつ かえますか。
갓 구운 식빵은 언제 살 수 있나요?

おきゃくさま！いま すぐ かえます。
손님! 지금 바로 살 수 있습니다.

오늘의 단어

やきたての 갓 구운 ｜ しょくパン 식빵 ｜ 〜は ~은, ~는 ｜ いつ 언제 ｜ おきゃくさま 손님 ｜
いますぐ 지금 바로

표현을 듣고 반복해서 따라 해 보세요.

- **いま、パンが かえますか。** 지금, 빵을 살 수 있나요?
  ☺ 반복 횟수 チェック! ✓☐☐☐☐☐

- **すぐ チケットが かえますか。** 바로 티켓을 살 수 있나요?
  ☺ 반복 횟수 チェック! ✓☐☐☐☐☐

🎤 밑줄 친 부분을 주어진 단어로 바꿔 말해 보세요.

예 **やきたての カステラ** 갓 구운 카스텔라

➡ <u>**やきたての カステラ**</u>が **かえますか。**

  갓 구운 카스텔라를 살 수 있나요?

❶ **ざっし** 잡지   ❷ **パンフレット** 팸플릿, 브로슈어

❸ **アルバム** 앨범   ❹ **なんじから アルバム** 몇 시부터 앨범

❺ **チケット** 티켓   ❻ **まだ チケット** 아직 티켓

 몰랐어요!

일본인이 좋아하는 '빵 랭킹 10'?

1위 **食パン** 식빵   2위 **カレーパン** 카레빵

3위 **クロワッサン** 크루아상   4위 **メロンパン** 멜론빵

5위 **ソーセージパン** 소시지빵   6위 **あんパン** 단팥빵

7위 **クリームパン** 크림빵   8위 **バゲット** 바게트

9위 **やきそばパン** 야키소바빵   10위 **ピザパン** 피자빵

Day 82

どこで かえますか。
도 코 데 카 에 마 스 까

어디에서 살 수 있어요?

여러분은 원하는 물건을 찾기 위해 어떻게 쇼핑하는 타입이신가요? 많은 사람에게 물어보며 우선 정보를 얻는 타입? 무작정 발품을 파는 타입?
저는 귀찮은 것을 싫어해서 첫 가게에서 모든 것을 해결하고 나오는 타입입니다.
어느 타입이든지 '~에서 살 수 있나요?'라는 표현은 알아 두셔야 할 겁니다.
'~에서 살 수 있나요?'는 '〜で かえますか'입니다.

すみません。その おかしは どこで かえますか。
죄송한데요. 그 과자는 어디서 살 수 있어요?

これは あそこの みせで やすく かえますよ。
이건 저쪽 가게에서 싸게 살 수 있어요.

🔊 표현을 듣고 반복해서 따라 해 보세요.

• **それは どこで かえますか。** 그건 어디서 살 수 있어요?

　☺ 반복 횟수 チェック! ☑☐☐☐☐☐

• **チケットは ここで かえますか。** 티켓은 여기에서 살 수 있어요?

　☺ 반복 횟수 チェック! ☑☐☐☐☐☐

🎤 밑줄 친 부분을 주어진 단어로 바꿔 말해 보세요.

　（예）**この かばん / ネット** 이 가방 / 인터넷

　　➡ **この かばんは ネットで かえますか。**

　　이 가방은 인터넷에서 살 수 있어요?

　❶ **おかし / この みせ**　　　과자 / 이 가게

　❷ **かぜぐすり / どこ**　　　감기약 / 어디

　❸ **じょうしゃカード / じはんき**　교통카드 / 자판기

  몰랐어요!

일본 '쇼핑센터'에서 많이 사용하는 표현은?

（예）**みて いるだけです。** 그냥 보기만 할게요.

また あとで きます。 나중에 또 올게요.

ちょっと かんがえて みます。 좀 생각해 볼게요.

Day 83

ねだんが ちがいます。

네 담 가 치 가 이 마 스

가격이 달라요. / 금액이 틀려요.

가격표의 가격과 계산대에서 계산할 때의 가격이 다를 때 당신은 어떻게 할 건가요? 점원이 알려준 화장실 비밀번호가 틀릴 때 당신은 어떻게 할 건가요? '달라요!' '틀려요!' 이 두 마디면 모든 것이 해결됩니다.
그런데 일본어에서는 이 두 마디가 모두 'ちがいます'입니다.

> あの みせと けっこう ねだんが ちがいますね。
> 저 가게와 꽤 가격이 다르네요.

> そうですね。おなじ もの なのに
> みせに よって ねだんが ちがいます。
> 그렇네요. 같은 물건인데 가게마다 가격이 다르네요.

오늘의 단어

あの 저 | みせ 가게 | ～と ~와, ~과 | けっこう 꽤 | ねだん 가격 | ～が ~이, ~가 |
そうですね 그렇네요 | おなじ 같은 | もの なのに 물건인데 | ～に よって ~에 따라서, ~마다

🔊 **표현을 듣고 반복해서 따라 해 보세요.**

• **ねだんが ちがいます。** 가격이 달라요.
  ☺ 반복 횟수 チェック! ☑☐☐☐☐☐

• **パスワードが ちがいます。** 비밀번호(패스워드)가 틀려요.
  ☺ 반복 횟수 チェック! ☑☐☐☐☐☐

🎤 **밑줄 친 부분을 주어진 단어로 바꿔 말해 보세요.**

예 **はなし** 이야기, 말
  ➡ **はなしが ちがいます。** 말이 달라요(약속한 것과는 달라요).

① **こたえ** 답, 대답　　② **やりかた** 하는 방법

③ **ふんいき** 분위기　　④ **ぜんぜん ふんいき** 전혀 분위기

⑤ **サイズ** 사이즈　　⑥ **びみょうに サイズ** 미묘하게 사이즈

😃 **몰랐어요!**

'**ちがいます**(달라요)'와 함께 많이 사용하는 표현은?

• **〜に よって** ~에 따라, ~마다
  예 **みせに よって デザインが ちがいます。** 가게마다 디자인이 달라요.
  いえに よって あじが ちがいます。 집집마다 맛이 달라요.
  ちいきに よって あいさつが ちがいます。 지역에 따라 인사가 달라요.

いまと ちがいます。

이 마 또 치 가 이 마 스

지금과 달라요.

당신은 숨기고 싶은 과거의 사진이 있나요? 만약에 누군가가 그 사진을 보게 되었을 때는 괜히 큰소리로 외치게 됩니다. '지금이랑은 많이 다르죠! 웃지 마세요!' '~와(과)는 달라요'는 '〜とは ちがいます'입니다. 또, '아냐 아냐! 그렇지 않아'라고 할 때는 반말로 'ちがう ちがう'라고 하기도 합니다.

いまと ぜんぜん ちがいますね。
むかしは わたし、ぶすだったんです。
지금과 전혀 다르죠. 옛날에는 내가 못생겼었어요.

いや、あまり かわってないと おもいますけど。
아니, 별 차이 없는 것 같은데요.

오늘의 단어

いま 지금 | ぜんぜん 전혀 | むかしは 옛날에는 | ぶす 못생긴 사람 | 〜だったんです ~였어요 |
いや 아니 | あまり 별로 | かわってない 차이 없다 | 〜と おもいます ~라고 생각해요 | 〜けど ~인데

🔊 표현을 듣고 반복해서 따라 해 보세요.

- **いまと ぜんぜん ちがいます。** 지금과 전혀 달라요.
  😊 반복 횟수 チェック！☑☐☐☐☐☐

- **ちゅうもんした ものと ちがいます。** 주문한 것과 달라요.
  😊 반복 횟수 チェック！☑☐☐☐☐☐

 밑줄 친 부분을 주어진 단어로 바꿔 말해 보세요.

🔵예 **プサン / ソウル** 부산 / 서울
  ➡ <u>プサン</u>と <u>ソウル</u>は ちがいます。 <u>부산</u>과 <u>서울</u>은 달라요.

1️⃣ **むかし / いま**　　옛날 / 지금
2️⃣ **いりぐち / でぐち**　입구 / 출구
3️⃣ **わたし / かれ**　　　나 / 그(그 남자)

😀 **몰랐어요!**

일본어로 'A와 B의 차이를 물어볼 때'는?

🔵예 Aと Bと どう ちがいますか。 A와 B는 어떻게 다른가요?
　　Aと Bと なにが ちがいますか。 A와 B는 뭐가 다른가요?
　　Aと Bと どこが ちがいますか。 A와 B는 어디가 다른가요?

わたしが きめますね。

와 따 시 가 키 메 마 스 네

내가 결정할게요. / 내가 정할게요.

모두가 함께 모여 결정해야 할 순간에 서로 쭈뼛쭈뼛하며 말하지 못하는 상황. 경험해 본 적 있나요? 이때 '장소는 내가 정할게요, 메뉴는 기무라 씨가 정해요'라고 리드해 주는 누군가가 필요합니다. 아무도 리드하지 않으면, 아무것도 시작되지 않으니까요.
'내가 정할게요'는 'わたしが きめますね'입니다.

ピザは わたしが きめますね。
パスタは やまださんが きめてください。

피자는 내가 정할게요. 파스타는 야마다 씨가 정해요.

わあー！すてきー！リーダーみたいです。

와~! 멋져~. 리더 같아요.

오늘의 단어

ピザ 피자 | ～は ~은, ~는 | パスタ 파스타 | きめて ください 정해주세요, 결정해요 |
わあー 와~(감탄 표현) | すてき 멋져 | リーダー 리더 | ～みたいです ~같아요

🔊 표현을 듣고 반복해서 따라 해 보세요.

- **メニューは わたしが きめますね。** 메뉴는 내가 정할게요.

  ☺ 반복 횟수 チェック！ ✓ ☐☐☐☐☐

- **ひにちは わたしが きめますね。** 날짜는 내가 결정할게요.

  ☺ 반복 횟수 チェック！ ✓ ☐☐☐☐☐

🎙 밑줄 친 부분을 주어진 단어로 바꿔 말해 보세요.

예 **ばしょ** 장소

➡ **ばしょは わたしが きめますね。** 장소는 내가 결정할게요.

① **メンバー** 멤버 　　② **じかん** 시간

③ **りょうり** 요리 　　④ **デザイン** 디자인

⑤ **スケジュール** 스케줄 　　⑥ **りょこうさき** 여행지

😀 **몰랐어요!**

일본어로 상대에게 '정해주세요' 하는 표현은?

예 **きめて ください。** 정해주세요(결정해요).

おまかせします。 다 맡길게요.

もう きめましたか。
모 - 키 메 마 시 따 까

벌써 정했나요? / 이미 결정했나요?

진로로 고민하던 친구에게 '진로는 벌써 정했나요?' '어떤 회사로 결정했나요?'라고, 첫 데이트를 하는 친구에게 '데이트 코스는 이미 정했나요?' '어떤 곳으로 정했어요?'라고 물어보세요.
'벌써 정했나요?'는 'もう きめましたか'입니다.

わたしの たんじょうび プレゼントは もう
きめましたか。ほしい ものが あるんですけど。
내 생일 선물은 벌써 결정했나요? 갖고 싶은 것이 있는데요.

はい、もう きめましたけど。
네, 벌써 정했는데요.

오늘의 단어

わたし 나, 저 ㅣ ～の ～의 ㅣ たんじょうび 생일 ㅣ プレゼント 선물 ㅣ ～は ～은, ～는 ㅣ
ほしい もの 갖고 싶은 것 ㅣ ～が ～이, ～가 ㅣ あるんです 있어요 ㅣ ～けど ～지만, ～인데

🔊 표현을 듣고 반복해서 따라 해 보세요.

- **メニューは もう きめましたか。** 메뉴는 벌써 정했나요?
  😊 반복 횟수 チェック！ ☑☐☐☐☐☐☐

- **だいがくは もう きめましたか。** 대학은 벌써 결정했나요?
  😊 반복 횟수 チェック！ ☑☐☐☐☐☐☐

🎤 밑줄 친 부분을 주어진 단어로 바꿔 말해 보세요.

예 **しんろ** 진로

➔ <u>しんろ</u>は もう きめましたか。 진로는 이미 결정했나요?

① **テーマ** 테마

② **デートコース** 데이트 코스

③ **たんじょうび プレゼント** 생일 선물

😀 **몰랐어요!**

일본어로 '아직 안 정했어요' 표현은?

예 **まだです。** 아직이요.

まだ、きめてません。 아직 못 정했어요.

あじみは できますか。

<small>아　지　미　와　데　키　마　스　까</small>

맛(은) 볼 수 있나요? / 시식은 가능한가요?

일본 전통시장이나 백화점에 가면 시식할 수 있는 곳이 많습니다. 또, 옷 가게나 신발 가게에서는 내 사이즈가 맞는지 한번 입어봐야지요. 여러분은 일본어로 '맛 볼 수 있나요?' '입어볼 수 있나요?'가 가능하신가요?
'~은(는) 가능한가요?'는 '〜は できますか'입니다.

あじみは できますか。
맛볼 수 있나요?

はい、どうぞ。
네, 여기 있습니다.

ししょくの おかわり！ししょくの おかわり！
시식 리필해 주세요! 시식 리필!

おきゃくさま！それは、ししょくじゃ ありませんね。
손님! 그건, 시식이 아니신데요.

오늘의 단어

あじみ 맛보기, 시식 ┃ どうぞ 자, 여기요(권유 표현) ┃ ししょく 시식 ┃ 〜の おかわり ~의 리필 ┃
おきゃくさま 손님 ┃ 〜じゃ ありませんね ~이(가) 아닌데요

표현을 듣고 반복해서 따라 해 보세요.

- **あじみは できますか。** 맛볼 수 있나요?
  ☺ 반복 횟수 チェック！☑☐☐☐☐☐

- **Wi-Fi(ワイファイ)は できますか。** Wi-Fi는 가능한가요?
  ☺ 반복 횟수 チェック！☑☐☐☐☐☐

 밑줄 친 부분을 주어진 단어로 바꿔 말해 보세요.

> 예 **はらいもどし** 환불
> ➡ **はらいもどしは できますか。** 환불은 가능한가요?

❶ **おかわり** 리필 　　　　❷ **りょうがえ** 환전

❸ **しちゃく** 옷 입어보기(시착) 　❹ **おなおし** 수선

❺ **よやく** 예약 　　　　❻ **へんぴん** 반품

☺ 몰랐어요!

'できますか'의 다른 해석은?

'가능한가요?'의 의미 말고도 '잘합니까?'의 의미로도 사용합니다.

예 한국말 잘해요? **かんこくご できますか。**

공부 잘해요? **べんきょう できますか。**

운전 잘해요? **うんてん できますか。**

스키 잘 타요? **スキー できますか。**

Day 88

おねがい できますか。
오 네 가 이 데 키 마 스 까

(부탁)할 수 있을까요?

체크인 시간보다 일찍 호텔에 도착해서 어떻게 하면 좋을지 고민한 적이 있나요?
이럴 때는 '좀 더 빨리 체크인할 수 있을까요?' '짐만이라도 먼저 맡길 수 있을까
요?'라고 부탁해 보세요.
'부탁할 수 있을까요?'는 'おねがい できますか'입니다.

はやめに チェックイン、おねがい できますか。
좀 더 빨리 체크인할 수 있을까요?

もうしわけございません。
チェックインは さんじからです。
チェックインまで おにもつを おあずかりします。
죄송합니다. 체크인은 3시부터입니다. 체크인까지 짐을 보관해드리겠습니다.

오늘의 단어

はやめに (일정보다) 빨리 | チェックイン 체크인 | もうしわけございません 죄송합니다(겸양 표현) |
～は ~은, ~는 | さんじ 3시 | ～からです ~부터입니다 | ～まで ~까지 | おにもつ 짐 |
～を ~을, ~를 | おあずかりします 보관해드리겠습니다

🔊 표현을 듣고 반복해서 따라 해 보세요.

・ **はやめに チェックイン、おねがい できますか。**

좀 더 빨리 체크인할 수 있을까요?

☺ 반복 횟수 チェック！ ☑☐☐☐☐☐

・ **にもつだけ おねがい できますか。** 짐만 맡길 수 있을까요?

☺ 반복 횟수 チェック！ ☑☐☐☐☐☐

🎙 밑줄 친 부분을 주어진 단어로 바꿔 말해 보세요.

예 **ルームサービス** 룸서비스

➔ <u>ルームサービス</u>を おねがい できますか。

<u>룸서비스</u>를 부탁할 수 있을까요?

❶ **でんごん** 　　　　　　　　전언(전하는 말)

❷ **モーニングコール** 　　　　모닝콜

❸ **おそめに チェックアウト** (정해진 시간 보다) 늦게 체크아웃

 몰랐어요!

호텔 체크인 시 'お願（ねが）いできる(부탁할 수 있는) 방'은?

・ 広（ひろ）めの 部屋（へや） 넓은 방
・ 眺（なが）めの いい 部屋（へや） 경치 좋은 방
・ エレベーターから 近（ちか）い 部屋（へや） 엘리베이터에서 가까운 방
・ 隣（とな）り 合（あ）った 部屋（へや） 옆방, 붙어있는 방
・ 海（うみ）が 見（み）える 部屋（へや） 바다가 보이는 방

Day 89

にほんごが できません。
니 홍 고 가 데 키 마 셈

일본어를 못해요. / 일본어가 안돼요.

일본 사람이 다가와서 빠른 일본어로 말을 걸면, 당황하지 말고 이야기하세요. '저는 일본어를 잘 못해요.' 그럼 대부분의 일본 사람은 그냥 가버리지 않고, 손짓을 섞어가면서 천천히 일본어로 다시 이야기해 줍니다.

'~을(를) (잘하지) 못해요/~이(가) 안돼요'는 '〜が できません'입니다. 또, 실력뿐만 아니라 '할 수 없어요/안 돼요'의 의미로도 'できません'을 사용할 수 있습니다.

かんこくごが できますか。
한국어를 할 수 있나요?

はなす ことは できませんが、
ききとりは すこし できます。
말하는 것은 못합니다만, 듣기는 조금 할 수 있습니다.

오늘의 단어

かんこくご 한국어 | できますか 할 수 있나요? | はなす こと 말하는 것 | 〜は ~은, ~는 |
ききとり 듣기 | すこし 조금, 좀

🔊 표현을 듣고 반복해서 따라 해 보세요.

・ **にほんごが できません。** 일본어를 못해요.
😊 반복 횟수 チェック！ ☑☐☐☐☐☐

・ **うんてんが できません。** 운전을 못해요.
😊 반복 횟수 チェック！ ☑☐☐☐☐☐

🎙️ 밑줄 친 부분을 주어진 단어로 바꿔 말해 보세요.

예 さんすう 산수

➡ **さんすうが できません。** 산수를 못해요.

❶ **うんどう** 운동 　　❷ **べんきょう** 공부
❸ **えいご** 영어 　　❹ **えいごの ききとり** 영어 듣기
❺ **かんこくご** 한국어 　　❻ **かんこくごの かいわ** 한국어 회화

😲 **몰랐어요!**

運転が できません(운전을 못해요/할 수 없어요)'의 이유는?
うんてん

예 **ペーパー ドライバーです。** 장롱면허예요.
예 **運転 免許が ありません。** 운전면허가 없어요.
うんてん めんきょ
国際 免許が ありません。 국제면허가 없어요.
こくさい めんきょ

こうかん できません。

코 - 칸 데 키 마 셍

교환 불가능해요. / 교환 안 돼요.

일본에서 즐겁게 쇼핑한 후에, 호텔에 돌아와 후회한 적은 없으신가요?
사이즈가 맞지 않거나 쇼핑할 때 고민했던 아까 그 색이 눈앞에서 아른아른할 때,
이럴 때는 고민하지 말고 바로 가게로 가서 외치세요. '교환 안 되나요?'
'~(으)로 교환 안 되나요?'는 '～に こうかん できませんか'입니다.

すみません。
これを ピンクいろに こうかん できませんか。
저기요. 이것을 핑크색으로 교환할 수 없나요?

もうしわけございません。
レシート なしでは こうかん できません。
죄송합니다. 영수증 없이는 교환 불가능합니다.

오늘의 단어

すみません 저기요 | これ 이것 | ～を ~을, ~를 | ピンクいろ 핑크색 |
もうしわけございません 죄송합니다(겸양 표현) | レシート 영수증 | なしでは 없이는

표현을 듣고 반복해서 따라 해 보세요.

· **これには こうかん できません。** 이것으로는 교환 불가능해요.

☺ 반복 횟수 チェック！ ☑☐☐☐☐☐

· **それには こうかん できません。** 그것으로는 교환 안 돼요.

☺ 반복 횟수 チェック！ ☑☐☐☐☐☐

🎤 밑줄 친 부분을 주어진 단어로 바꿔 말해 보세요.

예 **ほかの もの** 다른 물건

→ **ほかの ものには こうかん できません。**

다른 물건으로는 교환 불가능해요.

① **ほかの いろ** 다른 색

② **ほかの サイズ** 다른 사이즈

③ **もっと やすい もの** 더 싼 물건

😃 **몰랐어요!**

'영수증/신용카드' 없이 교환하고 싶을 때는?

예 **レシート なしで こうかん できますか。**
영수증 없이 교환 가능한가요?

예 **クレジットカード なしで こうかん できませんか。**
신용카드 없이 교환 안 되나요?

안에 알맞은 표현을 넣어 보세요.

1 지금 빵을 <u>살 수 있나요?</u>

いま パンが 　　　　　　。

2 티켓은 <u>어디에서 살 수 있나요?</u>

チケットは 　　　　　　　　　。

3 비밀번호가 <u>틀려요.</u>

パスワードが 　　　　　　　。

4 <u>부산과</u> 서울은 <u>달라요.</u>

プサン　　　　　ソウルは 　　　　　　。

5 장소는 내가 <u>정할게요.</u>

ばしょは わたしが 　　　　　　。

6 데이트 코스는 <u>벌써 정했나요?</u>

デートコースは 　　　　　　　　　。

7 환불은 <u>가능해요?</u>

はらいもどしは 　　　　　　　。

8 좀 더 빨리 체크인 <u>(부탁)할 수 있을까요?</u>

はやめに チェックイン 　　　　　　　　　。

9 일본어를 <u>못해요.</u>

にほんごが 　　　　　　。

10 다른 물건으로 <u>교환</u> 안 돼요<u>(교환할 수 없어요).</u>

ほかの ものに 　　　　　　　　。

정답　**1** かえますか **2** どこで / かえますか **3** ちがいます **4** と / ちがいます **5** きめますね
6 もう / きめましたか **7** できますか **8** おねがい できますか **9** できません
10 こうかん / できません

◆ 날짜를 함께 외워요.

1월	いちがつ	5월	ごがつ	9월	くがつ
2월	にがつ	6월	ろくがつ	10월	じゅうがつ
3월	さんがつ	7월	しちがつ	11월	じゅういちがつ
4월	しがつ	8월	はちがつ	12월	じゅうにがつ

1개월	いっかげつ	5개월	ごかげつ	9개월	きゅうかげつ
2개월	にかげつ	6개월	ろっかげつ	10개월	じゅっかげつ
3개월	さんかげつ	7개월	ななかげつ	11개월	じゅういっかげつ
4개월	よんかげつ	8개월	はちかげつ はっかげつ	12개월	じゅうにかげつ

1일	ついたち	11일	じゅういちにち	21일	にじゅういちにち
2일	ふつか	12일	じゅうににち	22일	にじゅうににち
3일	みっか	13일	じゅうさんにち	23일	にじゅうさんにち
4일	よっか	14일	じゅうよっか	24일	にじゅうよっか
5일	いつか	15일	じゅうごにち	25일	にじゅうごにち
6일	むいか	16일	じゅうろくにち	26일	にじゅうろくにち
7일	なのか	17일	じゅうしちにち	27일	にじゅうしちにち
8일	ようか	18일	じゅうはちにち	28일	にじゅうはちにち
9일	ここのか	19일	じゅうくにち	29일	にじゅうくにち
10일	とおか	20일	はつか	30일	さんじゅうにち

おはし もらえますか。
오 하 시 모 라 에 마 스 까

젓가락 주실 수 있나요? / 젓가락 받을 수 있을까요?

주문한 물건을 '주세요' 할 때는 'ください' 또는 'おねがいします'를 사용합니다. 그런데, 주문한 것 외에 좀 더 부탁할 일이 생겼을 때는 정중히 '주실 수 있나요?'라고 하지요. 일본에서는 '주실 수 있나요?'보다 '받을 수 있을까요?'라는 표현을 더 좋아합니다.
'받을 수 있을까요?'는 'もらえますか'입니다.

> おはし、もう ひとつ もらえますか。
> ソースも もう ちょっと おねがいします。
> 젓가락, 하나 더 주시겠어요? 소스도 조금 더 주세요.

> はい、かしこまりました。
> 네, 알겠습니다.

오늘의 단어

おはし 젓가락 | もうひとつ 하나 더 | ソース 소스 | ～も ~도 | もうちょっと 조금 더 |
おねがいします 주세요, 부탁해요 | かしこまりました 알겠습니다(겸양 표현)

🔊 표현을 듣고 반복해서 따라 해 보세요.

- **おはし もらえますか。** 젓가락 받을 수 있을까요?

  😊 **반복 횟수** チェック！ ☑☐☐☐☐☐

- **おはし ひとつ もらえますか。** 젓가락 하나 주시겠어요?

  😊 **반복 횟수** チェック！ ☑☐☐☐☐☐

 밑줄 친 부분을 주어진 단어로 바꿔 말해 보세요.

예 **おしぼり** 물수건

➡ **おしぼり もらえますか。** 물수건 주시겠어요?

① **ブランケット** 담요　　　　② **まくら** 베개

③ **タオル** 타월　　　　④ **ソース** 소스

⑤ **タオル、もう ひとつ** 타월, 하나 더

⑥ **ソース、もう ちょっと** 소스, 조금 더

😊 **몰랐어요!**

일본 '편의점'에서 자주 사용하는 표현은?

예 **ストローと フォーク、もらえますか。** 빨대랑 포크, 주시겠어요?
おはしと スプーン、もらえますか。 젓가락이랑 스푼, 주시겠어요?
レジぶくろ、もう ひとつ もらえますか。 비닐봉지, 하나 더 주시겠어요?
ひゃくえん だまで もらえますか。 100엔짜리 동전으로 주시겠어요?
あたためて もらえますか。 데워주시겠어요?

ほうそうして
호 - 소 - 시 떼

もらえますか。
모 라 에 마 스 까

포장해 주실 수 있나요? / 포장해 주시겠어요?

여행지에서 맛있는 것을 먹고 좋은 것을 보면, 좋아하는 사람들의 얼굴이 떠오르지요. 그리고, 선물을 사게 됩니다. 선물은 내용물도 중요하지만, 깔끔한 포장이 또 중요하지요. 선물을 산 후 계산대에서 외쳐 보세요. '포장해 주시겠어요?' '~해 주시겠어요?(= ~해 받을 수 있을까요?)'는 '〜して もらえますか'입니다.

こちらは プレゼントようですか。ごじたくようですか。
이 상품은 선물용이신가요? 직접 사용하실 건가요?

プレゼントようです。
べつべつに ほうそうして もらえますか。
선물용이요. 따로따로 포장해 주실 수 있나요?

오늘의 단어

こちら 이쪽('이것'의 정중한 표현으로도 사용) | プレゼント 선물 | 〜よう ~용 |
ごじたく 자택(자기자신) | べつべつに 따로따로 | ほうそう 포장

🔊 표현을 듣고 반복해서 따라 해 보세요.

・**ほうそうして もらえますか。** 포장해 주시겠어요?
😊 반복 횟수 チェック！ ☑☐☐☐☐☐

・**そうじして もらえますか。** 청소해 주실 수 있나요?
😊 반복 횟수 チェック！ ☑☐☐☐☐☐

🎤 밑줄 친 부분을 주어진 단어로 바꿔 말해 보세요.

 せつめい 설명

➡ <u>せつめい</u>して もらえますか。 설명해 주실 수 있나요?

① **プレゼントように ほうそう** 선물용으로 포장
② **しっかり ほうそう** 단단히 포장
③ **へやの そうじ** 방 청소
④ **もう いちど せつめい** 한 번 더 설명

😀 **몰랐어요!**

일본어로 '포장해 주시겠어요?' 표현은?
・包装^{ほうそう}して もらえますか。
・包^{つつ}んで もらえますか。
・ラッピングして もらえますか。

Day 93

なくしたんです。
나 쿠 시 딴 데 스

잃어버렸어요.

여러분은 어떤 물건을 분실했을 때, 가장 막막하고 당황스러운가요?
저의 경우, 한국에서는 휴대전화를, 외국에서는 여권을 잃어버렸을 때 가장 막막할 것 같습니다. 분실했을 때는 기억을 더듬어가며, 분실했을 것 같은 장소로 가서 '잃어버렸어요'라고 말해 보세요. 울먹이며 말할수록 효과는 배로 좋습니다.
'~을(를) 잃어버렸어요'는 '~を なくしたんです'입니다.

すみません。パスポートを なくしたんです。
저기요. 여권을 잃어버렸어요.

かんこくの パスポートですね。
こちらで あずかって います。
한국 여권이시지요? 저희 쪽에서 가지고 있습니다.

오늘의 단어

すみません 저기요 | パスポート 여권 | ～を ~을, ~를 | かんこく 한국 | ～の ~의 |
～ですね ~지요, ~군요 | こちらで 이쪽에서(정중한 표현) | あずかって います 맡고 있습니다

표현을 듣고 반복해서 따라 해 보세요.

- **さいふを なくしたんです。** 지갑을 잃어버렸어요.
  ☺ 반복 횟수 チェック！ ☑☐☐☐☐☐

- **パスポートを なくしたんです。** 여권을 잃어버렸어요.
  ☺ 반복 횟수 チェック！ ☑☐☐☐☐☐

 밑줄 친 부분을 주어진 단어로 바꿔 말해 보세요.

예 **スーツケース** 여행 가방(슈트케이스)

➜ **スーツケースを なくしたんです。**
   여행 가방을 잃어버렸어요.

❶ **かさ** 우산　　　　　　❷ **じゅうでんき** 충전기

❸ **カギ** 열쇠　　　　　　❹ **へやの カギ** 방 열쇠

❺ **きっぷ** 표　　　　　　❻ **でんしゃの きっぷ** 전철 표

😀 **몰랐어요!**

일본에서 '여권을 분실했을 경우'는?

예 **かんこく たいしかんは どこですか。** 한국 대사관은 어디인가요?
けいさつしょは どこですか。 경찰서는 어디인가요?
こうばんは どこですか。 치안센터는 어디인가요?

けさ、なくしたんです。

케　사　　　나　쿠　시　딴　데　스

오늘 아침에, 잃어버렸어요.

물건을 분실했을 경우, 잃어버린 시간대를 기억해 낸다면 물건을 찾는 데에 더욱
도움이 될 수 있을 겁니다.
'아침에' '방금 전에' 할 때의 조사 '~에'는 '〜に'입니다만, 회화에서는 구체적인 시
간·날짜 외에는 조사 '〜に'를 생략하는 것이 일반적입니다. 예를 들어, '아침에'
는 'あさに'보다 'あさ'를 더 많이 사용합니다.

ゆうべ ケータイと さいふを なくしたんです。
어젯밤에 휴대폰이랑 지갑을 잃어버렸어요.

ゆうべ、また おさけでしたか。
어젯밤, 또 술이었나요?

오늘의 단어

ゆうべ 어젯밤 | ケータイ 휴대폰 | 〜と ~와, ~과 | さいふ 지갑 | 〜を ~을, ~를 | また 또 |
おさけ 술 | 〜でしたか ~였나요?

🔊 표현을 듣고 반복해서 따라 해 보세요.

・ **けさ、なくしたんです。** 오늘 아침에, 잃어버렸어요.
☺ 반복 횟수 チェック! ☑☐☐☐☐☐

・ **きのう、なくしたんです。** 어제, 잃어버렸어요.
☺ 반복 횟수 チェック! ☑☐☐☐☐☐

 밑줄 친 부분을 주어진 단어로 바꿔 말해 보세요.

예 **ゆうべ / スマホ** 어젯밤 / 스마트폰

➡ **ゆうべ、スマホを なくしたんです。**
어젯밤, 스마트폰을 잃어버렸어요.

① **さっき / ジャケット** 방금 전 / 재킷
② **きょう / かばん** 오늘 / 가방
③ **おととい / かいもの ぶくろ** 그저께 / 쇼핑한 물건

😜 **몰랐어요!**

일본어로 '시간을 나타내는' 표현은?

・ **あさ** 아침 ・ **ひる** 점심 ・ **よる** 저녁
・ **よあけ** 새벽 ・ **ごぜん** 오전 ・ **ごご** 오후
・ **けさ = きょうの あさ** 오늘 아침
・ **こんばん = きょうの よる** 오늘 밤
・ **ゆうべ = きのうの よる** 어젯밤

Day 95

わすれちゃったんです。

와 스 레 찻 딴 데 스

잊어버렸어요. / 깜박했어요.

예약 번호를 잊어버렸을 때, 방 번호를 깜박했을 때, 당황하지 말고 외쳐 보세요.
'죄송한데, 잊어버렸어요!' 이 한마디면 모든 것이 해결될 겁니다.
'잊어버렸어요'는 'わすれちゃったんです'입니다. 앞에서 공부한 'なくしたん
です'를 '기억'과 함께 사용하면, '기억을 통째로 잃었어요 = 기억상실증'이 되므로
주의하세요.

> よやく したんですけど、
> よやく ばんごうを わすれちゃったんです。
> 예약했는데요, 예약 번호를 잊어버렸어요.

> おきゃくさま! だいじょうぶです。
> ごよやくの おなまえを おねがいします。
> 손님! 괜찮습니다. 예약자명을 말씀해 주십시오.

오늘의 단어

よやく 예약 | したんですけど 했는데요 | ばんごう 번호 | おきゃくさま 손님 |
だいじょうぶです 괜찮습니다 | ごよやく 예약(존경 표현) | おなまえ 성함(존경 표현) |
おねがいします 부탁합니다

🔊 표현을 듣고 반복해서 따라 해 보세요.

- **ID(アイディー)を わすれちゃったんです。**

  아이디를 잊어버렸어요.

  ☺ 반복 횟수 チェック！ ☑☐☐☐☐☐

- **パスワードを わすれちゃったんです。** 패스워드를 깜박했어요.

  ☺ 반복 횟수 チェック！ ☑☐☐☐☐☐

🎤 밑줄 친 부분을 주어진 단어로 바꿔 말해 보세요.

** うたの かし** 노래 가사

➡ **<u>うたの かし</u>を わすれちゃったんです。**

  <u>노래 가사</u>를 잊어버렸어요.

❶ **じかん** 시간   ❷ **バスの じかん** 버스 시간

❸ **ばんごう** 번호   ❹ **よやくばんごう** 예약 번호

❺ **たんじょうび** 생일   ❻ **ははの たんじょうび** 엄마의 생일

 몰랐어요!

일본어로 '번호' 표현은?

1번	2번	3번	4번	5번
いちばん	にばん	さんばん	よんばん	ごばん
6번	7번	8번	9번	몇 번
ろくばん	ななばん	はちばん	きゅうばん	なんばん

わすれちゃったんですか。

와 스 레 챳 딴 데 스 까

잊어버렸어요? / 깜박했어요?

옛날 휴대전화가 없던 시절에는 약속 장소에서 오지 않는 사람을 하염없이 기다렸습니다. 하지만, 지금은 바로 전화해서 이야기할 수 있지요. '왜 안 와요? 약속을 깜박했나요?'라고 말입니다.

'~을(를) 깜박했나요?'는 '~を わすれちゃったんですか'입니다.

> かれの なまえを わすれちゃったんです。
> みおぼえは あるけど…。
> 그의 이름을 까먹었어요. 얼굴은 기억이 나는데….

> えー! きのうの ことを ぜんぶ
> わすれちゃったんですか。
> 네~? 어제의 일을 전부 잊어버린 건가요?

오늘의 단어

かれ 그, 그 남자 | なまえ 이름 | みおぼえは ある 본 기억은 있다 | ~けど ~인데, ~지만 |
えー! 네~?(놀람 표현) | きのう 어제 | ~のこと ~의 일 | ぜんぶ 전부

🔊 표현을 듣고 반복해서 따라 해 보세요.

• **やくそくを わすれちゃったんですか。** 약속을 깜박했어요?

😊 반복 횟수 チェック！☑☐☐☐☐☐

• **やまださんの ことを わすれちゃったんですか。**

야마다 씨의 일을 잊어버렸어요?

😊 반복 횟수 チェック！☑☐☐☐☐☐

🎤 밑줄 친 부분을 주어진 단어로 바꿔 말해 보세요.

예 **きのう / こと** 어제 / 일

→ **きのうの ことを わすれちゃったんですか。**

어제의 일을 잊어버렸나요?

❶ **わたし / なまえ** 나 / 이름

❷ **あした / よてい** 내일 / 스케줄(예정)

❸ **これ / つかいかた** 이것 / 사용법

😀 **몰랐어요!**

비슷한 두 단어의 의미는?

• 忘れ物 잊은 물건, 유실물(깜박 두고 온 물건)

• 物忘れ 건망증(물건을 잊는 일)

예 忘れ物が あります。 잊은 물건이 있어요.

예 物忘れが ひどいです。 건망증이 심해요.

しないで ほしいです。
시 나 이 데　호 시 이 데 스

안 했으면 해요. / 하지 않았으면 해요.

'しないで ください(하지 마세요)'라는 표현은 정중해 보이긴 하지만, 어디까지나 정중한 금지의 표현입니다. 그래서 회화에서는 '하지 마세요' 보다는 'しないで ほしいです(하지 않았으면 해요)'라는 완곡한 표현을 많이 사용합니다.

また ゲーム！ むり しないで ほしいです。
또 게임! 무리하지 않았으면 해요.

はい？ ごふんしか してないから、
しんぱい しないで ほしいです。
네? 5분밖에 안 했으니까, 걱정 안 했으면 해요.

오늘의 단어

また 또 | ゲーム 게임 | むり 무리 | はい 네 | ごふん 5분 | ～しか ~밖에 | してない 하지 않다 | ～から ~이니까, ~이기 때문에 | しんぱい 걱정

🔊 표현을 듣고 반복해서 따라 해 보세요.

• **むり しないで ほしいです。** 무리하지 않았으면 해요.

😊 반복 횟수 チェック！ ☑▢▢▢▢▢

• **きに しないで ほしいです。** 신경 쓰지 않았으면 해요.

😊 반복 횟수 チェック！ ☑▢▢▢▢▢

🎤 밑줄 친 부분을 주어진 단어로 바꿔 말해 보세요.

(예) **しんぱい** 걱정

➜ **しんぱい しないで ほしいです。** 걱정 안 했으면 해요.

① **ゲーム** 게임　　　② **けんか** 싸움

③ **きたい** 기대　　　④ **ごかい** 오해

⑤ **こどもあつかい** 아이 취급　　⑥ **おにもつあつかい** 짐짝 취급

 몰랐어요!

'～扱い(취급, 대우)'를 사용한 표현은?

• 子供扱い 아이 취급　　　• 物扱い 물건 취급

• お荷物扱い 짐짝 취급　　　• 邪魔者扱い 방해꾼 취급

• 特別扱い 특별 대우

これからは しないで
코 레 까 라 와 시 나 이 데

ほしいです。
호 시 이 데 스

앞으로는 안 했으면 해요. / 앞으로는 하지 않았으면 해요.

상대방이 하지 않았으면 하는 행동을 할 때는 기분 상해하지 말고, 부드럽게 'これからは しないで ほしいです(앞으로는 하지 않았으면 해요)'라고 말해 보세요. 진심이 통한다면 앞으로 더욱더 돈독한 관계를 유지할 수 있을 겁니다.
'これ'는 '이것'이라고 해석하지만, 'これから'는 '이제부터/앞으로'라고 해석합니다.

これからは もとかれに れんらく しないで ほしいです。
앞으로는 전 남자 친구에게 연락 안 했으면 해요.

すみません。これからは ぜったい しません。
미안해요. 앞으로는 절대 안 할게요.

> **오늘의 단어**

これから 앞으로 | もとかれ 전 남자 친구 | ～に ~에게 | れんらく 연락 | すみません 미안해요 | ぜったい 절대

🔊 표현을 듣고 반복해서 따라 해 보세요.

・ これからは れんらく しないで ほしいです。

앞으로는 연락 안 했으면 해요.

😊 반복 횟수 チェック！ ☑⬜⬜⬜⬜⬜

・ しゅうまつは しごと しないで ほしいです。

주말은 일하지 않았으면 해요.

😊 반복 횟수 チェック！ ☑⬜⬜⬜⬜⬜

🎤 밑줄 친 부분을 주어진 단어로 바꿔 말해 보세요.

예 やすみの ひ / でんわ 쉬는 날 / 전화

➡ やすみの ひは でんわ しないで ほしいです。

쉬는 날은 전화하지 않았으면 해요.

❶ きょう / キャンセル   오늘 / 캔슬, 취소
❷ これから / けが   앞으로 / 상처, 부상 입음
❸ これから / わたしの せいに   앞으로 / 내 탓(으로)

😀 몰랐어요!

'しないで ほしいです'와 함께 자주 사용하는 표현은?

・ これから 앞으로, 이제부터
・ 二度と (にど) 두 번 다시
・ 朝早くから (あさはや) 아침 일찍부터

・ 今から (いま) 이제부터
・ 絶対 (ぜったい) 절대
・ 夜遅くまで (よるおそ) 밤늦게까지

Day 99

どうやって つかいますか。

도 - 얏 떼 쯔 카 이 마 스 까

어떻게 사용해요?

화장품의 사용 방법이 궁금할 때, 신제품의 기능 또는 사용 방법이 궁금할 때는 고민하지 마시고 '이건 어떻게 사용해요?'라고 물어보세요.
'어떻게 사용해요?'는 'どうやって つかいますか'입니다.

> すみません。これは どうやって つかいますか。
> 저기요. 이건 어떻게 사용해요?

> あさと よる、いちにちに にかい つかいます。
> 아침과 저녁, 하루에 2번 사용합니다.

오늘의 단어

すみません 저기요 | **これ** 이것 | **〜は** ~은, ~는 | **あさ** 아침 | **〜と** ~와, ~과 | **よる** 저녁 |
いちにちに 하루에 | **にかい** 2번

표현을 듣고 반복해서 따라 해 보세요.

インターネットは どうやって つかいますか。

인터넷은 어떻게 사용해요?

☺반복 횟수 チェック！☑☐☐☐☐☐

きんこは どうやって つかいますか。 금고는 어떻게 사용해요?

☺반복 횟수 チェック！☑☐☐☐☐☐

밑줄 친 부분을 주어진 단어로 바꿔 말해 보세요.

예 **こくさい でんわ** 국제 전화

→ **こくさい でんわは どうやって つかいますか。**

국제 전화는 어떻게 사용해요?

❶ **テレビ** TV(텔레비전) ❷ **エアコン** 에어컨

❸ **ヒーター** 히터(난방) ❹ **クーポン** 쿠폰

❺ **コインロッカー** 코인 로커(물품 보관함)

❻ **コインランドリー** 동전 세탁기

몰랐어요!

'つかいますか(사용해요?)'의 점원(존경) 표현은?

・**おつかいに なりますか** 사용하십니까? / 사용하시겠습니까?

예 **きょう、おつかいに なりますか。** 오늘 사용하십니까?

クーポンを おつかいに なりますか。 쿠폰을 사용하시겠습니까?

わぎゅうを つかいます。

와 규 - 오 쯔 카 이 마 스

와규(일본산 소고기)를 사용해요.

같은 요리라도 유명한 지역의 특산물을 사용한 요리는 더욱 맛있고 특별하게 느껴집니다. '제주도산 한라봉을 사용한 디저트' '서산의 게를 사용한 게장' 등등. 상상만으로도 침이 꼴깍 넘어가지요.

'~을(를) 사용합니다'는 일본어로 '〜を つかいます'입니다.

> この サラダは ほっかいどうの チーズを
> つかいますね。やさいは？
> 이 샐러드는 북해도의 치즈를 사용하네요. 채소는요?

> やさいは ふつうの スーパーの やさいを
> つかいますが。
> 채소는 평범한 마트의 채소를 사용하는데요.

오늘의 단어

この 이 | サラダ 샐러드 | 〜は ~은, ~는 | ほっかいどう 북해도, 홋카이도(일본 지명) | 〜の ~의 |
チーズ 치즈 | やさい 채소 | ふつうの 보통의, 평범한 | スーパー 슈퍼마켓, 마트 |
つかいますが 사용합니다만, 사용하는데요

🔊 표현을 듣고 반복해서 따라 해 보세요.

・**ここは わぎゅうを つかいます。**

여기는 와규(일본산 소고기)를 사용해요.

☺ 반복 횟수 チェック！ ☑☐☐☐☐☐

・**ふだんは にほんごを つかいます。** 보통 때는 일본어를 사용해요.

☺ 반복 횟수 チェック！ ☑☐☐☐☐☐

 밑줄 친 부분을 주어진 단어로 바꿔 말해 보세요.

예 **ふだん / パソコン** 보통 때 / 컴퓨터

➡ **ふだんは パソコンを つかいます。**

보통 때는 컴퓨터를 사용해요.

① **ふだん / かくやす こうくうけん** 보통 / 저가 항공권

② **ここ / ほっかいどうの やさい** 여기 / 북해도(홋카이도)의 채소

③ **ここ / ふくおかの めんたいこ** 여기 / 후쿠오카의 명란

😀 **몰랐어요!**

일본어로 '보통'을 나타내는 표현

・普段 ＝ いつも 늘, 항상, 보통 때
   ふ だん

・普通 ＝ 一般的に 일반적임, 상식적임
   ふ つう   いっぱんてき

예 저는 보통 집에 안 돌아가고 밤새 놀아요. ➡ ふだん

예 보통은 시간이 늦어지면 집에 돌아가지요. ➡ ふつう

안에 알맞은 표현을 넣어 보세요.

1 젓가락 하나 주실 수 있나요(받을 수 있을까요)?
おはし ひとつ 　　　　　　　　　。

2 포장해 주실 수 있나요?
ほうそう 　　　　　　　　　。

3 지갑을 잃어버렸어요.
さいふを 　　　　　　　。

4 어젯밤(에) 스마트폰을 잃어버렸어요.
　　　　　　スマホを 　　　　　　　。

5 엄마의 생일을 깜박했어요.
ははの たんじょうびを 　　　　　　　　。

6 내 이름을 잊어버렸나요?
わたしの なまえを 　　　　　　　　　。

7 걱정 안 했으면 해요.
しんぱい 　　　　　　　　。

8 앞으로는 전화하지 않았으면 해요.
　　　　　　　　でんわ 　　　　　　　　　。

9 코인 로커(물품 보관함)는 어떻게 사용해요?
コインロッカーは 　　　　　　　　　　。

10 보통 때는 컴퓨터를 사용해요.
ふだんは 　　　　　　を 　　　　　。

 정답
1 もらえますか **2** して もらえますか **3** なくしたんです **4** ゆうべ / なくしたんです
5 わすれちゃったんです **6** わすれちゃったんですか **7** しないで ほしいです
8 これからは / しないで ほしいです **9** どうやって / つかいますか **10** パソコン / つかいます

일본어 PLUS+

◆ 신체 부위의 명칭을 함께 외워요.

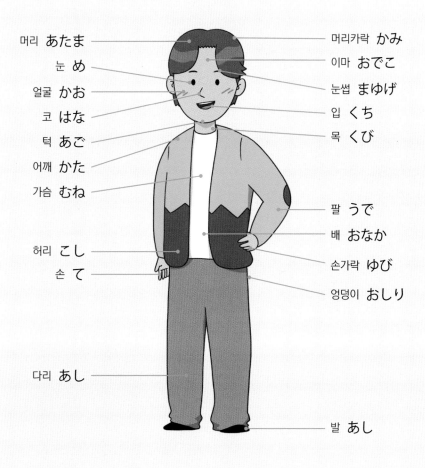

머리 あたま

눈 め

얼굴 かお

코 はな

턱 あご

어깨 かた

가슴 むね

허리 こし

손 て

다리 あし

머리카락 かみ

이마 おでこ

눈썹 まゆげ

입 くち

목 くび

팔 うで

배 おなか

손가락 ゆび

엉덩이 おしり

발 あし

/ MEMO /